キャリア発掘

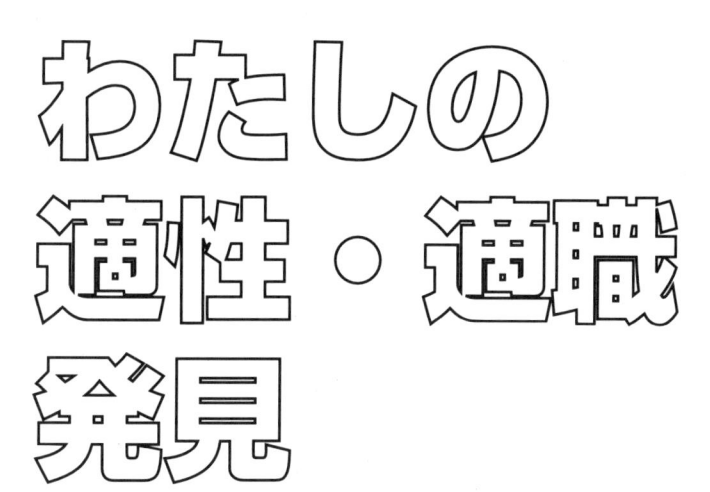

わたしの適性・適職発見

短大・大学生版

川 合 雅 子

学 文 社

はじめに

　学生が就職を考え始めると,「自分はどのような仕事に向いているのだろうか」「果たして自分は一体,何ができるのだろう」と思い悩み始めます。自分への疑問は自然のことです。そして就職に関係のある情報を集めます。それにもかかわらず就職活動が始まっても,自分はこれでいいのかな,本当にこの会社でいいのか,この仕事でいいのか,迷い続けている学生がとても多いのが現実です。

　一方,「これだ！」（この会社だ！この仕事だ！）と思い目標に突き進んでいる人は,自分自身をプレゼンテーションできるので,採用担当者への説得力が違います。その結果,内定通知書を手にすることができます。

　これらの二者のタイプの違いはどこにあるのでしょうか。

　情報収集までは同じですが,集めるべき情報が違うのです。「自分は何に向いているのだろう」という問いかけに対しての答えを探す前に,「自分は何がやりたいのか」「どのような能力や可能性があるのか」が自分で理解していないと,「何に向いているのか」（＝どのような職業に就くと自分を生かせるのか）は発見できません。

　自分についての情報収集や分析をして自己理解を深め,就職したい企業や職種の情報を集めることが必要になります。そしていざ自分と職業がマッチングしているかどうかを判断するときに,自分情報の収集や分析ができないことが,職業選択の大きなバリアーとなるのです。

　キャリアとは生涯をとおしてのその人の生き方であり,表現です。自分がどのような人生を歩みたいとイメージすることから,職業を選択する必要があります。なぜならばある職業選択をしたとき,当然その人のライフスタイルに影響がでてきます。

　学生が就職を考えるとき,今という時点（点）でいろいろ迷い考えますが,本当はこれからの人生をどう歩みたいかというライン上（線）の自分を理解していく必要があります。自己理解を深め,進む方向性がみえたときに,はじめて納得のいく職業選択の第一歩を踏み出せるのです。

　まずは,CHAPTER 1 からスタートして,最後の CHAPTER 8 まで順に課題に取り組んでください。結果,あなたの進みたい道が発見できることを心から願っております。

2000年1月

著　者

<h1 style="text-align:center">もくじ</h1>

はじめに……………………………………………………………………… 3
本書の使い方………………………………………………………………… 6

CHAPTER 1　現在の自分を知ろう
STEP 1　客観的な自分のイメージ ………………………………………… 9
STEP 2　わたしの行動特徴 ………………………………………………… 16

CHAPTER 2　職業選択と自己
STEP 1　わたしのパーソナリティと適職の関係を調べる ……………… 29
STEP 2　自分の生き方と職業の関係を分析する ………………………… 34

CHAPTER 3　キャリア選択のバリアー
STEP 1　わたしのバリアーの正体 ………………………………………… 39
STEP 2　バリアーの克服法 ………………………………………………… 43

CHAPTER 4　ライフスタイル探求
STEP 1　今までのライフスタイル ………………………………………… 51
STEP 2　ライフスタイルと職業生活 ……………………………………… 57

CHAPTER 5　キャリア計画
STEP 1　キャリア計画の下絵 ……………………………………………… 63
STEP 2　キャリア計画と目標 ……………………………………………… 65

CHAPTER 6　仕事選択
STEP 1　わたしの職業レディネス度 ……………………………………… 69
STEP 2　選択した仕事と資格 ……………………………………………… 73

CHAPTER 7　就職の意志決定
STEP 1　就職の意志決定 …………………………………………………… 77
STEP 2　面接の備え：自己理解 …………………………………………… 80

CHAPTER 8　前に進むために

STEP 1　目標設定「5年後と10年後のわたし」……………………………………89
STEP 2　就職活動のアクションプラン　………………………………………91

予備ワークシート……………………………………………………………………93
参考文献………………………………………………………………………………133

本書の使い方

　本書は，八つのCHAPTERと巻末の予備ワークシートで構成されています。CHAPTER 1のSTEP 1から，順にすすめてください。途中，分析の難しい個所があっても，とばさずに，きちんとひとつひとつ丁寧にすすめてください。

　CHAPTER 1から次第に自己分析を深めていき，最後のCHAPTER 8で就職活動のアクションプランができあがる構成です。「これはよくわかっているから，いい」と判断してワークをとばしてすすめていくと，十分に自分がみえなくなり，また最初から自己分析しなければなりません。

　全部終えるまで，たくさんの時間がかからないようにしています。何冊も自己分析の本を買い込んで，あちらこちらと手をつけず，じっくり何度も繰り返したり，読み返してください。すべてのワークシートが書き込まれたとき，あなたの自分情報が書かれているでしょう。

　なお，友人と一緒にすすめていく方法がとても役に立ちます。まわりの人から，あなたの情報を得ることができるからです。また逆に友人へあなたの考えるその人の情報を伝えることもできます。

　最初から最後まで留意することは，自分をできるだけ客観的にみてください。出てきた結果は，自分でワークをした結果です。あたっている，あたっていないと早急に判断しないで，なぜ，このような結果が出たのか，しっかり自分自身をみつめなおしてみましょう。そのために，友人や両親，先生など，まわりの人の意見もヒアリングしながら情報収集・分析にこころがけてください。とくにまわりの大人の意見は，第一線で仕事をしている人からのアドバイスにもなります。

　なお，巻末に予備のワークシートがあります。必要に応じて切り取って使ってください。

CHAPTER 1

現在の自分を知ろう

この章で発見することは

STEP1　客観的な自分のイメージ

STEP2　わたしの行動特徴

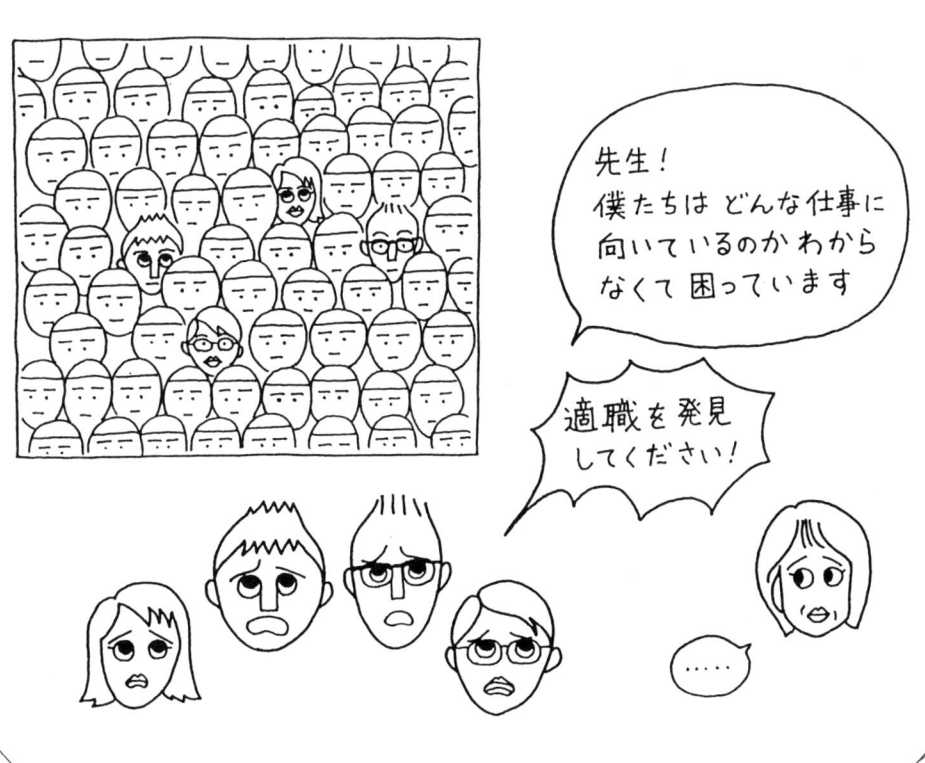

SUMMARY

　CHAPTER 1では，あなたがどのようなイメージをまわりの人に与えているかを探ります。

　STEP 1「客観的な自分のイメージ」では，ワークシートで自己分析をすることで，自分自身が普段考えている自分のイメージ像や理想のイメージ像を客観的にみていきます。ワークシートは個人で行うものと，グループで行うものを用意しています。できるだけ，両方のワークシートを試してください。グループ用のワークシートは，友人や家族など親しい人とやるのもいいのですが，もし可能であるのなら普段あまり交流のない人とやってみると本当の第一印象により近くなります。

　STEP 2「わたしの行動特徴」では，簡単な心理テストを用いて，あなたの行動特徴をみていきます。ここでは「学校の私」「家の私」「アルバイトの私」という，あなたが活動している三つのステージでの行動特徴を知ります。

　自己分析するときは，「だいたいこんな感じ…」というような分析のしかたは避けて，「なぜこのような行動をとっているのか」「なぜ，まわりの人と自分が抱く自分のイメージは違うのだろうか」など，自分にひとつひとつ問いかけて分析するように心がけてください。

CHAPTER 1

STEP 1

客観的な自分のイメージ

　わたしたちは他人の目にどのような人間として映っているのでしょうか。

　わたしたちは自分のことはよく知っているつもりです。でもその認識の大部分は自分の頭の中にある自分自身で，まわりの友人や，両親，先生からみたあなたのイメージは，ひょっとしたらあなたの考えている自分のイメージと違う可能性があります。一体，あなたのまわりの人たちは，どのような人としてあなたのことを捉えているのでしょう。

　他人に与えるあなたの印象は，文字どおりあなたが与えている印象です。それなのに，あなたが自分で思っている自己イメージと他の人が抱くあなたへのイメージが往々にして違うことが多いようです。「まわりの人が私に抱くイメージは違う，まわりの人はまだ私を理解していない。時間が経てばわかってくれる。」そのような声が聞こえてきそうです。確かに時間がたてばお互いの理解度は深まります。しかし，仕事をする上ではそうはいっていられないのです。あなたにどんなに素晴しい能力があっても，第一印象が悪ければ一緒に仕事はしてもらえないでしょう。この人と仕事してもいい，この人からサービスを受けたい，この人から商品を買いたいと思われるためにも第一印象が大切であることはいうまでもありません。

　とくに今，就職活動を目前にしたあなたは，自分が相手にどのようなイメージを与えているか知っておく必要があります。企業があなたと仕事をしてもいいと思う印象を与えているかということです。どのような表情をして，どのような仕種をし，どのような言葉づかいをしているのでしょうか。どのような服装をするかも大切ですが，まず，その服装の中身の検討をする，つまりあなた自身のパーソナリティはどのような態度や行動をしているのか知っておく必要があります。

　職業を選択するにあたって，あなたのパーソナリティがどのようなイメージをつくっているのかという自己情報を知ることから始めましょう。

今の自分を認識しよう（自己評価用）

あなたは，ふだん自分をどのような人と捉えていますか。現在の自分をイメージして，つぎの1～18の項目のそれぞれについて，当てはまるところに●印をつけて，その印を線で結んであなたの自己イメージのプロフィール（●印を線で結んでできた縦の折れ線グラフ）を描きましょう。願望ではなく，実際の自分のイメージを描いてください。

1. 勇敢な　　　　　　　　　　　　　　臆病な
2. 頼りない　　　　　　　　　　　　　頼もしい
3. 狭い　　　　　　　　　　　　　　　広い
4. にぎやかな　　　　　　　　　　　　静かな
5. 慎重な　　　　　　　　　　　　　　軽率な
6. 幸福な　　　　　　　　　　　　　　不幸な
7. 嫌いな　　　　　　　　　　　　　　好きな
8. 陰気な　　　　　　　　　　　　　　陽気な
9. 自分勝手な　　　　　　　　　　　　思いやりのある
10. 鈍感な　　　　　　　　　　　　　敏感な
11. まじめな　　　　　　　　　　　　不まじめな
12. 平凡な　　　　　　　　　　　　　非凡な
13. 無口な　　　　　　　　　　　　　おしゃべりな
14. 不正直な　　　　　　　　　　　　正直な
15. 地味な　　　　　　　　　　　　　派手な
16. 閉鎖的な　　　　　　　　　　　　開放的な
17. でしゃばりな　　　　　　　　　　ひかえめな
18. 几帳面な　　　　　　　　　　　　だらしない

あなたは現在の自己イメージのプロフィールを客観的にみると，どのような人物像でしょうか。文章で表わしてみましょう。

☆予備シートあり

CHAPTER 1

> **理想の自己イメージ**
> 前の要領にならって，今度は，理想の自分，こうなりたい自分のイメージを描きましょう。

1. 勇敢な	├─┼─┼─┼─┼─┼─┤	臆病な
2. 頼りない	├─┼─┼─┼─┼─┼─┤	頼もしい
3. 狭い	├─┼─┼─┼─┼─┼─┤	広い
4. にぎやかな	├─┼─┼─┼─┼─┼─┤	静かな
5. 慎重な	├─┼─┼─┼─┼─┼─┤	軽率な
6. 幸福な	├─┼─┼─┼─┼─┼─┤	不幸な
7. 嫌いな	├─┼─┼─┼─┼─┼─┤	好きな
8. 陰気な	├─┼─┼─┼─┼─┼─┤	陽気な
9. 自分勝手な	├─┼─┼─┼─┼─┼─┤	思いやりのある
10. 鈍感な	├─┼─┼─┼─┼─┼─┤	敏感な
11. まじめな	├─┼─┼─┼─┼─┼─┤	不まじめな
12. 平凡な	├─┼─┼─┼─┼─┼─┤	非凡な
13. 無口な	├─┼─┼─┼─┼─┼─┤	おしゃべりな
14. 不正直な	├─┼─┼─┼─┼─┼─┤	正直な
15. 地味な	├─┼─┼─┼─┼─┼─┤	派手な
16. 閉鎖的な	├─┼─┼─┼─┼─┼─┤	開放的な
17. でしゃばりな	├─┼─┼─┼─┼─┼─┤	ひかえめな
18. 几帳面な	├─┼─┼─┼─┼─┼─┤	だらしない

　あなたの理想の自己イメージのプロフィールからは，どのような人物が想像できますか。客観的にイメージ像をとらえて，文章で表わしましょう。

☆予備シートあり

ふりかえってみよう

　現在あなたがもっている，自己イメージと理想のイメージのプロフィール（●印を線で結んでできた縦の折れ線グラフ）にどのような差がありましたか。その差が大きい項目は，あなたがこれからつくりあげたい自己イメージに近づくためのポイントです。

　イメージはとても大切であることは，このSTEPの最初に述べました。理想の自己イメージがわかったので，あとは服装を変えたり，気持ちを変えたりして行動に表わせばいいのですが，それがなかなか簡単にいかないことが多いのです。

　服装ひとつ変えるにしても，今までの自分が身につけていたものと大きくかけ離れると，おそらく気持ちがしっくりこなかったりして，落ち着かないものです。もちろん態度についてはもっと難しいと思われます。態度というのは，あなたが感じたり考えたりしていることが，無意識のうちに態度として表出されるものです。表現はあなたが意識したうえで行動に表わしているものですが，表出は無意識の状態で表わされるという違いがあります。だから，就職活動を始める前には，前もってスーツに慣れておくことや，必要な行動が身につくようにすることが大切です。

　ある採用担当者がつぎのように言っています。

　「最近の学生は，面接や適性検査の攻略本のおかげでしょうか，面接を受けているとき，攻略本どおりの理想の面接態度で受ける人がほとんどです。それは見事なまでで，どこを切っても金太郎飴の状態です。この学生の本当のよさや，他の学生との違いを見たいと思っても，限られた面接時間内では難しい。ようやく理想の仮面が取れかかって，よさが出てきたときに終了時間となるので，学生も残念な結果になるし，こちらとしても面接にかける労力は大きいですね。」

　学生に面接指導をするときに，社会人として，きちんと社会やビジネス上のルールやマナーを知って，行動に表わすことが大切であるが，教えてもらったビジネスマナーをどのような状況でも，どのような人にでもそのままの形で使わないようにと注意しています。教えてもらったビジネスマナーはあくまでも，基本であって，その基本を状況に合わせて対応する応用力が必要なのです。

　就職活動のときのルールやマナーも同じです。あくまでも，採用担当者と面会する基本が身についている状態で（ということは，最低限，社会人としての基本は知っている），履歴書を書き，面接を受けているということです。まず基本を身につけたうえであなたの最大のよさを表現したいものです。

CHAPTER 1

> 友だちとやってみよう

あなたのパーソナリティ分析

　今度は，友だちがあなたに抱いたイメージを教えてもらいましょう。あなたを知っている人でもかまいませんが，できれば，初対面に近い人たちとこの課題をすると，あなたが初対面の人に与える第一印象がどのようなイメージかわかります。

1　14ページの「あなたのパーソナリティ分析」のワークシートを使います。まずグループのメンバーの名前を「〇〇さん」の欄に書いてください。自分については「私」の欄を使ってください。
2　「私」の欄の「現実」の欄を使います。左欄にパーソナリティを表わす言葉が22個書かれています。この項目にあなたの今の現実の自己イメージに近い言葉三つに〇をつけてください。このとき，〇は四つ以上でも三つ未満でもないようにしてください。
3　「私」の欄の「理想」の欄を使います。今度はこうありたいという理想の自己イメージに近い言葉に〇を三つつけてください。
4　メンバーの「プレゼント」の欄に，あなたからみたメンバーのイメージを表わす言葉に〇を三つつけてください。メンバー全員に同じように〇をつけます。
5　メンバーの人から，あなたに抱いたイメージ（プレゼントにつけた〇三つ）を教えてもらい，「私」のプレゼントの欄に「正」の字を書いて，いくつもらったか記録してください。最後に，あなたがつけた「現実」と「理想」につけた言葉をメンバーに教えてください。他のメンバーも同じことをしてください。
6　イメージの言葉をプレゼントしている人たちは，プレゼントしている「〇〇さん」の欄の「プレゼント」に他のメンバーがつけた〇がいくつついたか「正」の字を書いて記録してください（その際に，自分の〇も「正」の字に入れて記録してください）。そして，そのプレゼントされている人から教えてもらったその人の「理想」と「現実」を「〇〇さん」のそれらの欄に〇を三つずつつけてください。
7　メンバー全員がお互いにプレゼントをし，全員からプレゼントされたら，結果が記入されたワークシートをみながら，感想を述べ合ってください。
8　あなたの自己イメージについての感想を書いてください。

```
わたしの自己イメージについての感想



```

あなたのパーソナリティ分析

メンバーの名前	私 さん			さん			さん			さん			さん			さん			さん		
	理想	現実	プレゼント	理想	現実	プレゼント	理想	現実	プレゼント	理想	現実	プレゼント	理想	現実	プレゼント	理想	現実	プレゼント	理想	現実	プレゼント
1 おとなしい																					
2 愛想がいい																					
3 物わかりがいい																					
4 親切である																					
5 落ち着きがある																					
6 誠実である																					
7 温かみがある																					
8 気だてがよい																					
9 ほがらかである																					
10 度胸がある																					
11 ユーモアがある																					
12 教養がある																					
13 まじめである																					
14 品がある																					
15 慎重である																					
16 活動的である																					
17 熱意がある																					
18 外向的である																					
19 積極的である																					
20 忍耐的づよい																					
21 論理的である																					
22 説得力がある																					

☆予備シートあり

CHAPTER 1

 ポイント

成功の第一歩は，第一印象

自己認識と他者認識

　わたしたちには自分が思っている自分のイメージがあります。一方，他人からみた自分のイメージもあります。「今の自分を認識しよう」や「あなたのパーソナリティ分析」の課題を実施すると，他人がつけた自分のイメージに「当たっていない」と言う人が多いのです。あなたはどうでしたか？

　もし「当たっていない」と思ったならば，自然の感情です。でも，他人の目でみたあなたのイメージは，その人が思ったイメージであることは間違いないのです。あなたが納得しようとしまいと，それはあなたがそうみえた事実です。

　この課題の後，一緒に課題をしていた友だちがあなたに「私は，どんなイメージ？」と訊き，あなたに「悪いけれど，それは違うから，○をつけた項目を変えてよ」と言うと，言葉につまってしまうでしょう。当然です。なぜならば，あなたがその友だちのイメージをそう思ったのは，あなた自身だからです。交流分析の創始者であるエリック・バーンは，「過去と他人は変わらない」と言いました。まさに，他人の行動も，考えも私たちが変えようと思っても変えられません。変わるときは，その人の意思で変わるのです。わたしたちは人への影響力は持てますが，本当の変容は，その人自身の考えによるものなのです。

　あなたが，面接で成功するか否かの分かれ目は，自分が人にどのような印象を与えているか（他者認識）をきちんと知っているか否かなのです。そしてどのような自分になりたいのかよく考えて，その行動はどのようなもので，服装，表情などを具体的にイメージして，あなたの脳裏に焼き付けましょう。

　もうひとつ大切なのは，あなたが就きたい職業はどのようなイメージを持つ人に適しているのか，あるいは面接官はどのようなイメージの学生を好ましいと思うか，立場を代えて，客観的に自分をみることです。

STEP 2

わたしの行動特徴

「あなたらしいね」とか「〜さんがやりそうなことだね」などとまわりの人たちから言われたり，言ったりすることがあります。わたしたちの行動や態度には，その人その人で，ある特徴があります。

心理学に交流分析という，人間の行動に関する一つの理論体系があります。これはエリック・バーンというアメリカの精神科医が創始者です。交流とは人と人とのやりとりの意味で，そのやりとりを客観的に分析することで人間関係の改善が図られるという考え方です。

バーンはわたしたちには三つの心の状態があると考え，それらは，道徳的で規範を守ろうとする「親のような心の状態」と冷静沈着で問題を解決しようとする「大人のような心の状態」，そして自由で屈託のない「子どものような心の状態」の三つです。「親のような心の状態」と「子どものような心の状態」はそれぞれ二面性あり，合計わたしたちには五つの側面が行動にみられるとしています。

この心理学は，「セルフコントロールの心理学」ともいわれます。交流分析の根底には「過去と他人は変わらない」という考え方が流れています。「過去を嘆いてもすんでしまったことはしかたがないし，人間関係がうまく行かなくなったとき，あの人が変わればいいのにと思っても，他人は変えられない」という意味です。そこで，こちらからの対応の仕方を変えることにより，相手の反応が変わり，結果としてよい交流になるというのが「セルフコントロールの心理学」といわれる所以です。

さてここで，あなたの行動特徴を調べてみましょう。ここでは「学校」と「家」と「アルバイト」という三つのステージであなたの行動のあり方をみていきます。それらのステージで自分の行動を客観的にみることで，セルフコントロールした後の自分をイメージし，就職活動はもちろんのこと，これからのあなたの人生で"こうありたいという自分"になれるヒントをつかめることでしょう。

CHAPTER 1

エゴグラムで自分行動特徴を調べる

エゴグラムとは，五つの自我状態（心の状態）がどのような構造になっているかという構造分析です。エゴとは心の状態で，グラムは量を表わします。つまりあなたの五つの心の側面がどのくらいのエネルギーをもっていて，それらがどのような構造になっているのかをグラフに表わすものです。五つの心の側面は「批判的な親の心」（CP），「養育的な親の心」（NP），「大人の心」（A），「自由な子どもの心」（FC），「従順な子どもの心」（AC）です。詳しい説明はつぎのページを参照してください。

1　まず19ページの指示にしたがって，20〜21ページのエゴグラムチェックリストに回答し，エゴグラムのグラフ（折れ線グラフ）を作成してください。
2　三つの折れ線グラフが作成できたら，またこのページにもどり，下の課題を行ってください。

課題

三つのステージ「学校の私」「家の私」「アルバイトの私」のエゴグラムをチェックした結果と18ページの説明からあなたがどのように行動をしているのかを分析してください。特に一番高い自我状態（心の状態）と低い自我状態（心の状態）に注目して分析するといいでしょう。

学校の私　　高い自我状態は_____，低い自我状態は_____

わたしの行動の特徴は，

家の私　　高い自我状態は_____，低い自我状態は_____

わたしの行動の特徴は，

アルバイトの私　　高い自我状態は_____，低い自我状態は_____

わたしの行動の特徴は，

3　三つのステージのあなたは，どのように行動が違っていましたか。就職活動をするときはどのステージのあなたに近い行動ができるといいと思いますか。その理由を書きましょう。

三つの自我状態の性質

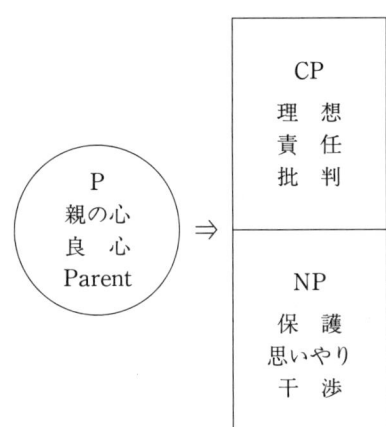

CP（Critical Parent）

批判的な親

- 社会秩序を守り，理想を追求する
- 真面目で責任感が強い
- 何事もきちんとできるので，自他ともに厳しい態度をとる

NP（Nurturing Parent）

養育的な親

- 思いやりがあり，面倒見がよい
- 相手をいたわり親身になって世話をするが，行き過ぎると過保護になる

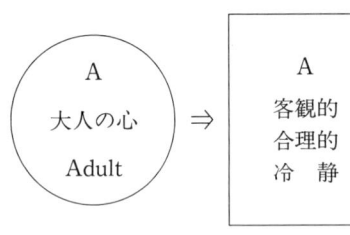

A（Adult）

大人

- 情報を収集して検討を重ねる
- 事実に基づいて判断する
- コンピュータ的な部分

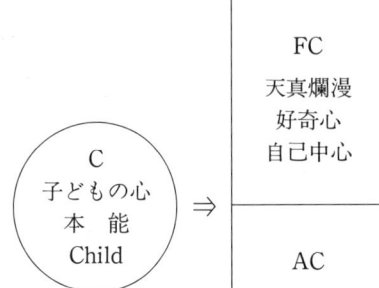

FC（Free Child）

自由な子ども

- 生まれたままの姿で明るい
- 自由奔放な部分
- 天真爛漫で開放的。健康的だが，行き過ぎるとわがままになる

AC（Adapted Child）

順応した子ども

- 順応性がある
- 人生の早期に身に付けた，周囲の顔色を窺う部分
- 協調性があるイイ子だが，自由な気持ちを抑えている

CHAPTER 1

エゴグラムチェックリスト

20ページのエゴグラムチェックリストを以下の指示に従って行ってください。

指示1

三つのステージの「学校の私」「家の私」「アルバイトの私」のあなたの行動や態度を，以下の質問に，はい（○），どちらともつかない（△），いいえ（×）で答えてください。

ただし，各ステージごとで質問に答えてください。「学校の私」ですべての質問に答え，つぎに「家の私」「アルバイトの私」も同じように答えてください。

指示2

つぎに採点をします。2点（○），1点（△），0点（×）で，小計を出し，グラフにその小計の数字の位置に●を記して線で結び，各ステージごとに折れ線グラフを描いてください。その際に各ステージの線の色を変えるか，線の種類を変えてください。

例

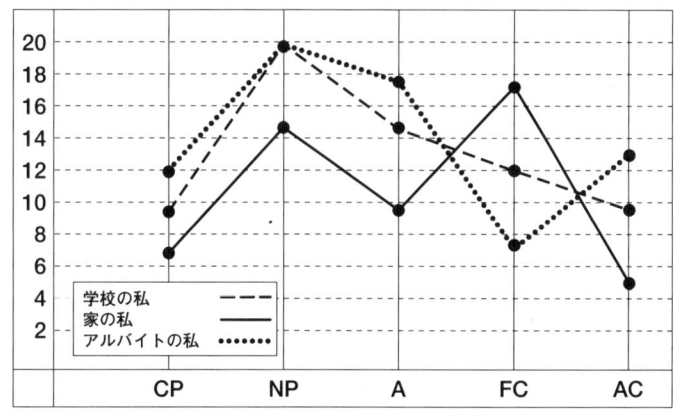

エゴグラムチェックリスト

			学校の私	家の私	アルバイトの私
CP	1	何事もきちんとしないと気がすまないほうですか。			
	2	人が間違ったことをしたとき，なかなか許しませんか。			
	3	自分を責任感の強い人間だと思いますか。			
	4	自分の考えを譲らないで，最後まで押しとおしますか。			
	5	礼儀，作法についてきびしいしつけを受けましたか。			
	6	何事も，やりだしたら最後までやらないと気がすみませんか。			
	7	親から何か言われたら，そのとおりにしますか。			
	8	「だめじゃないか」「…しなくてはいけない」という言い方をしますか。			
	9	時間やお金にルーズなことが嫌いですか。			
	10	親になったとき，子どもをきびしく育てると思いますか。			
		小　　　計			

			学校の私	家の私	アルバイトの私
NP	1	人から道を聞かれたとき，親切に教えてあげますか。			
	2	友だちや後輩をほめることがよくありますか。			
	3	他人の世話をすることが好きですか。			
	4	人の悪いところよりも，良いところを見るようにしますか。			
	5	がっかりしている人がいたら，慰めたり，元気づけてやりますか。			
	6	友だちとかまわりの人に何か買ってあげるのが好きですか。			
	7	助けを求められると，私に任せなさい，と引き受けますか。			
	8	誰かが失敗したとき，責めないで許してあげますか。			
	9	弟や妹，または年下の子を可愛がるほうですか。			
	10	食べ物や着る物に困っている友人などを，助けてあげますか。			
		小　　　計			

			学校の私	家の私	アルバイトの私
A	1	いろいろな本をよく読むほうですか。			
	2	何かうまくいかなくても，あまりカッとなりませんか。			
	3	何か決めるとき，いろいろな人の意見を聞いて参考にしますか。			
	4	はじめてのことをする場合，よく調べてからにしますか。			
	5	何かする場合，自分にとって損か得かよく考えますか。			
	6	何かわからないことがあると，人に聞いたり，相談したりしますか。			
	7	体の調子が悪いとき，自重して無理しないようにしますか。			
	8	両親と，冷静に，よく話し合いますか。			
	9	勉強や仕事をテキパキと片づけていくほうですか。			
	10	迷信や占いなどは絶対に信じないほうですか。			
		小　　　計			

☆予備シートあり

F C	1	おしゃれが好きなほうですか。			
	2	皆と騒いだり，はしゃいだりするのが好きですか。			
	3	「わぁ」「すげぇ」「かっこいい！」などの感嘆詞をよく使いますか。			
	4	言いたいことを遠慮なく言うことができますか。			
	5	うれしいときや悲しいときに，顔や動作に自由に表わすことができますか。			
	6	欲しいものは，手に入れないと気がすまないほうですか。			
	7	異性に自由に話しかけることができますか。			
	8	人に冗談を言ったり，からかったりするのが好きですか。			
	9	絵を描いたり，歌ったりすることが好きですか。			
	10	嫌なことを，いやと言いますか。			
		小　計			

A C	1	人の顔色を見て，行動をとるようなくせがありますか。			
	2	嫌なことをいやと言わずに，おさえてしまうことが多いですか。			
	3	劣等感が強いほうですか。			
	4	何か頼まれると，すぐにやらないで引き延ばす癖がありますか。			
	5	いつも無理をして，人からよく思われようと努めていますか。			
	6	本当に自分の考えよりも，親や人の言うことに影響されやすいほうですか。			
	7	悲しみや憂鬱な気持ちになることがよくありますか。			
	8	遠慮がちで消極的なほうですか。			
	9	親の機嫌をとるような面がありますか。			
	10	内心では不満だが，表面では満足しているように振る舞いますか。			
		小　計			

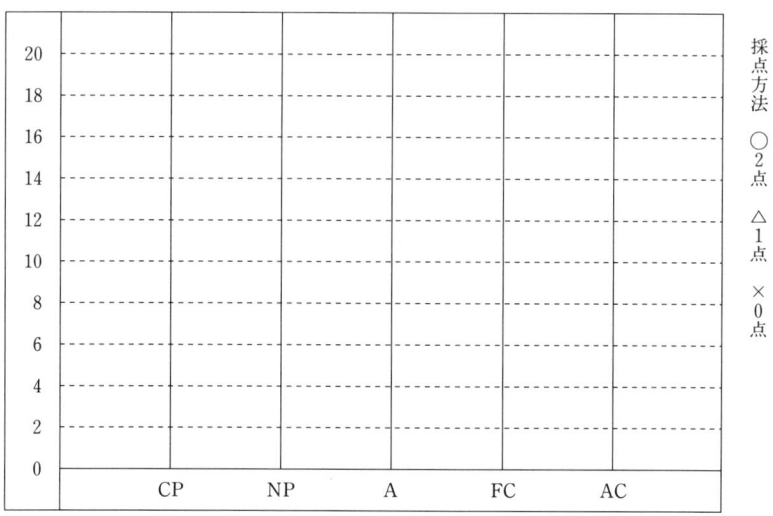

採点方法

○　2点

△　1点

×　0点

（杉田：交流分析，第2章，38-39（1985）を参考にし，引用者が一部改変）

☆予備シートあり

各自我状態のセルフコントロールのポイント

　セルフコントロールのポイントはあなたらしさを表わす一番高い自我状態を下げようとするよりも，低い自我状態を上げようとするほうがやりやすいでしょう。下に各自我状態のセルフコントロールのポイントが書かれています。あなたがセルフコントロールしたい自我状態のポイントを参考にしてみましょう。

CP
- 「私は～と思う」とはっきり自分の考えを述べる
- 決めたことを最後まできちんとする
- 何か一つ最後まで譲らずに頑張ってみる
- まあいいや，何とかなるという態度をやめ，責任を持つようにする
- どっちでもいいと考えるのではなくて，自分の責任でどちらかに決める
- 自分の意見を持ち，それを主張することを練習する
- 本当に満足しているかと，欲求水準をあげてみる
- 時間や金銭に対して，もう少し細かくなる
- 約束や取り決めはきちんと守り，人にもそれを要求する
- 好き嫌いをはっきり言う練習をする
- 自分自身に厳しくなる

NP
- 相手に対して個人的な関心を示すように努める
- 相手の好ましい点，よい点を見つけてほめる練習をする
- 困っている人を見たら，進んで手を貸すようにする
- 細かいことにこだわらず，相手のためになるような行動をとる
- 減点主義ではなく加点主義をとり，よい面を中心に相手を見るようにする
- 世話役などを進んで引き受けてみる
- 相手の気持ちや感情を理解するように心がける
- 弱い立場にいる人の世話や援助をしてみる
- 小動物や草花などを心を込めて育ててみる
- 自分から進んであいさつをする
- 他人へのサービスと親切を心がける
- 相手の否定的な言葉や態度には応じない

A
- 物事を分析し，そのなかになんらかの法則がみられないかを調べる
- 相手の話の内容を「～ということですか」と確かめるようにする
- 人の話をうのみにするのではなく，自分で納得の行くまで確かめるようにする
- 問題全体を分析し，事前に結末を予測してみる
- いいたいことや，やりたいことを文章にする
- 同じ状況で，他の人ならどう判断し行動するかを考える
- 筋道を立てて論理的に考える練習をする
- 当たり前と思わずに，なぜだろうと考え，いろいろ調べてみる
- 新聞や難しい本を読むようにする

FC

- 積極的に娯楽（スポーツ・映画）を楽しむ
- 気乗りのしないとき，不愉快なまま多くの時間を費やさず，気分転換して楽しいことを考える
- おいしい，うれしいというような気持ちを素直に表現する
- ユーモアや冗談をいって人を笑わせる
- 鏡を見ていろいろおもしろい顔をしてみる
- 無邪気に大声で笑ってみる
- 芸術（絵・音楽・俳句等）を楽しむ
- 心から楽しめるような趣味を持つようにする
- 自分から進んで皆の仲間に入っていく
- 短く楽しい空想をときどき楽しむ
- 童心にかえって子どもと一緒に遊ぶ
- 生活のなかに自分が楽しめる遊びの時間を増やす
- 今までやったことのない新しいことに積極的に取り組んでみる

AC

- 相手を立てて，相手の立場を優先してみる
- 相手がどのように感じたかを確かめ，相手の気持に配慮をする
- 相手の気持ちを気遣ってみる
- 「すみません」という言葉を多く使ってみる
- 何かするとき，相手の許可を得てからするようにする
- 判断せずに言われたとおりにしてみる
- 自分がしゃべるより，相手の話を聞くことを中心にする
- 相手に反論せずに，相手の言うことにしたがってみる
- 言いたいことがあっても，三つに一つは言わずに我慢する
- 部下や，子どもの言うことにしたがってみる

あなたは，自分の行動改善として，どの自我状態をどのようにセルフコントロールしたほうがいいと考えましたか。文章でまとめてください。

わたしがセルフコントロールしたい自我状態は ＿＿＿＿＿＿ です。

なぜなら，＿＿ だからです。

どのように行動を変えていくかというと，＿＿ です。

ポイント

　下図は，わたしたちのパーソナリティを図に表わしたものです。円の中心部分は，先天的な要素が強く，外に向かうほど，後天的な要素が強く，わたしたちが変えやすい部分といえます。つまり行動の部分は変えるのが比較的にやさしいのです。行動の部分では，ある意識のもとで，あなたが"表現したい自分"になれます。

　「態度がいい」「態度が悪いな」ということがありますが，「行動がいいね」「行動が悪いな」などは言いません。態度は，"表出された自分"です。

　"表現する自分"と"表出された自分"の言葉の違いどおり，「行動」は自分の意志や意識を基に能動的な自分で，「態度」はわたしたちの性格からかもし出された自分です。態度からはわたしたちの本音が出てしまっているので，態度が悪い人には，腹が立ったりします。学生のあなたは，今から「こうなりたいわたし」をはっきりさせて，意識して行動し，それがあなたの性格からかもし出される態度になるのが望ましいでしょう。

　面接では，緊張しますので，コントロールが難しい態度に普段のあなたが出てしまいます。だから，自分のよさが自然に出るように今から意識しましょう。

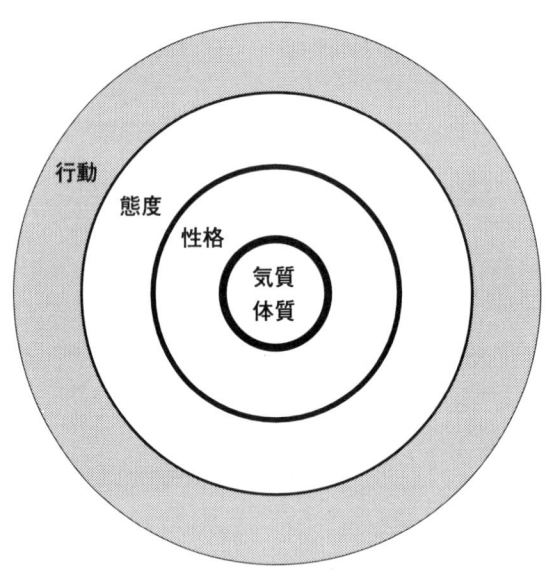

CHAPTER 1

ポイント

心の四つの窓
〜ジョハリ　ウィンドウ〜

下の表は，わたしたちの心の四つの窓です。

		わたしに	
		わかっている	わかっていない
相手に	わかっている	① 開　放	② 盲　点
相手に	わかっていない	③ 隠している	④ 未　知

① 開　放：わたしにも相手にもわかっているわたしのこと。

② 盲　点：わたしは気づいていないが，相手はわかっているわたしのこと。

③ 隠している：わたしにはわかっているが，相手にはわかっていないわたしのこと。

④ 未　知：わたしにも相手にもわかっていないわたしのこと。

心の四つの窓 (Luft, J. & Ingham, H., 1955)

　①の開放の窓では，あなたも相手も互いに知っていることを基盤に活動できますので，相手の真意を推し量ったり，あなたも自分のある部分を隠したりする必要がありません。余計なことに気を使うのではないので，自分の本当の姿のままでいられます。

　①の開放の心の窓を広くするには，②と③の窓が狭くなる必要があります。②を狭くするには，相手がわかっているわたしのことを伝えてもらいます。③の隠している心の窓を狭くするには，相手にあなたが隠していた部分のことを伝えます。このことを「自己開示」といいます。

　オープンなあなたになることで，より豊かな人間関係ができます。①の開放の窓が広くなると，④の未知の窓が狭くなります。未知なる窓には，わたしたちのすばらしい可能性が潜んでいます。自分を深く知っていくことにより，大きな可能性があなたの前に姿を現わすでしょう。

CHAPTER 2

職業選択と自己

この章で発見することは

STEP1 わたしのパーソナリティと適職の関係を調べる

STEP2 自分の生き方と職業の関係を分析する

適性検査って自分の仕事を見つけてくれるんですよね！

あくまでも職業選択をするときの指標なのよ

─SUMMARY─

　このCHAPTER 2では職業選択と自分のパーソナリティや価値観などの関係をみていきます。
　STEP 1「私のパーソナリティと適職の関係を調べる」では、職業への興味は、どのようなパーソナリティと関係しているのかをチェックし、自己分析をします。
　STEP 2「自分の生き方と職業の関係を分析する」では、自分がもっている価値観を調べ、職業選択にそれがどのように影響しているのかをみます。自分の生き方が職業選択にどのように表われるのかを認識しましょう。

STEP 1

わたしのパーソナリティと適職の関係を調べる

　職業を選択するとき，いきなり適職をみつけることはとても難しいことです。
　自分がどのような仕事に向いているのか，自分の適性は何か，就職をひかえたあなたが一番知りたいことです。
　適性とは，ある職業に必要な能力や性格特性とわたしたちのもっている能力や性格特性が合っているというマッチングのことです。適性を探すためには，自己情報と職業情報を収集することから始める必要があります。
　あなたは何に興味がありますか，どんな仕事に興味があるのでしょうか。小さい頃に憧れていた仕事は何だったか覚えていますか。その興味はあなたのどこから湧いてきたのでしょう。興味をもつということは，何らかの理由があります。そして，それらはわたしたちのパーソナリティに大いに関係があります。まず自分の情報を集めましょう。自分が何に興味があるのか，どのような生き方がしたいのか，自分の価値観は何に重きを置いているのか，いろいろな角度から自己理解を深めていきましょう。
　適性をみつけるために適性検査を受けることは，大いに勧めることですが，適性検査の結果はあくまでも，職業選択のひとつの指標にすぎないことを忘れないようにしましょう。適性検査は出た結果をどのように解釈するかが大切なのです。適性検査を受けるときは，できるだけきちんとした説明を聞き，アドバイスをもらうことをお勧めします。

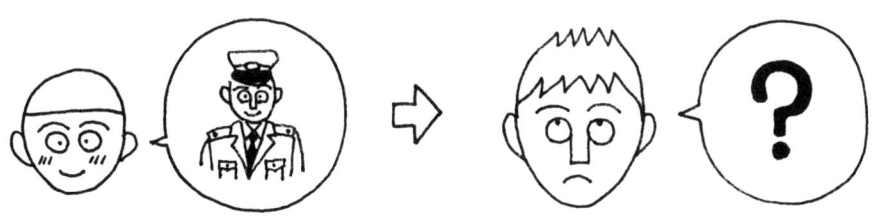

興味のある職業調べ

1 つぎに36種類の職業名があげられています。あなたが興味ある職業の（ ）に✓をつけてください。そのときにできるできない，本当になれるなれないなどは一切考えず，興味があるかないかで答えてください。

1（ ）ファッション アドバイザー	13（ ）カウンセラー	25（ ）大使館職員
2（ ）役所の事務職	14（ ）経理事務	26（ ）旅行社カウンター係
3（ ）スチュワーデス・スチュワード	15（ ）弁護士	27（ ）経営コンサルタント
4（ ）雑誌記者	16（ ）コピーライター	28（ ）商業デザイナー
5（ ）トレーサー	17（ ）自動車設計技師	29（ ）測量士
6（ ）経済学者	18（ ）学者	30（ ）技術開発者
7（ ）警察官	19（ ）スポーツ インストラクター	31（ ）看護婦・看護士
8（ ）税理士	20（ ）一般事務職	32（ ）プログラマー
9（ ）不動産鑑定士	21（ ）アナウンサー	33（ ）新聞記者
10（ ）音楽教師	22（ ）小説家	34（ ）イラストレーター
11（ ）調理師	23（ ）消防士	35（ ）酪農家
12（ ）医師	24（ ）システム・エンジニア	36（ ）パイロット

2 つぎの表の数字に，✓をつけた職業の数字を○で囲み，合計の欄に縦に合計した数字を書いてください。つぎに順位の欄に合計点数の高いものの順に1位，2位，3位を記入してください。もし同得点があったら，同順位のものすべてを記入してください。（例，Rが1位，<u>SもEも2位</u>，Aが3位）

	S	C	E	A	R	I
チェックナンバー	1	2	3	4	5	6
	7	8	9	10	11	12
	13	14	15	16	17	18
	19	20	21	22	23	24
	25	26	27	28	29	30
	31	32	33	34	35	36
合計						
順位						

☆予備シートあり

CHAPTER 2

3 あなたの興味領域（S, C, E, A, R, I）の上位三位を書いてください（二つ以上同順位があればすべて記入）。

一位 [   ]　　二位 [   ]　　三位 [   ]

4 32ページの興味領域の説明をよく読んで，結果について分析し，それについての感想を書きましょう。分析するときは，上位三つについて注目し関連づけながら分析してください。

結果分析

感　想

☆予備シートあり

31

30ページにあるS, C, E, A, R, Iは，あなたが興味ある職業はどのような職業特性がみられる（興味領域）かを意味します。つぎの説明を読んで31ページの設問4に答えてください。

S（Social）：社会的

社会的な人は，援助したり，訓練や教えたりすることを好む。対人的，教育的な人間関係面の能力である。対人サービス業，カウンセラー，教員など対人接触を中心とする職業に向いている。パーソナリティの特徴は，協力的，親切，援助的，社交的で思いやりがある，など。

C（Conventional）：慣習的

慣習的な人は，データを組み替えたり，ファイリングや記録をつけたり，事務機器を操作したりする活動を好む。書記能力や算数的能力に優れている。事務員，会計士，銀行員などの仕事が考えられる。パーソナリティの特徴は，協調的，良心的，几帳面，慎重，自己統制的，従順など。

E（Enterprise）：企業的

企業的な人は，組織目標の達成や経済的利益を得るために人を動かすことを好む。能力的には指導力，対人折衝能力，交渉力などがみられる。販売的，経営的な仕事に適している。パーソナリティの特徴は，エネルギッシュ，冒険的，社交的であり，自信がある，など。

A（Artistic）：芸術的

芸術的な人は，音楽，演劇，文学，美術など，芸術的な活動を好む。適している職業は，作家，音楽家，デザイナーなど。パーソナリティの特徴は，想像的，独自的，衝動的，感情的ななど。

R（Realistic）：現実的

現実的な人は，道具や機械，動物などを対象とする，はっきりとして，順序だった，系統的な活動を好む。このタイプの人は，機械や物を相手にする熟練工のような職業を好む。また，問題解決を図るための手腕があり，機械や電気技術に関する能力をつかう。パーソナリティの特徴としては，順応的，具体的，実際的，率直な，地味ななどの側面がみられる。

I（Investigative）：研究的

研究的な人は，観察による，物理的，生物学的，文化現象的なことについての抽象的，創造的な活動を好む。数学的，科学的な能力がある一方，人を統率するのは苦手な面もみられる。職業としては，医師，科学者などの専門的な職業を好む。パーソナリティの特徴は，分析的，知的，探求心のある，内省的など。

ポイント

適性検査の結果はあくまでも判断材料

　ここでは，簡単な検査を実施しました。この「興味のある職業調べ」はアメリカの職業心理学者ホランドの理論をもとに発表したVPI（Vocational Preference Inventory）を基に，簡単なチェックリストの形で作ったものです。きちんとした職業相談指導者のもとでVPI検査を完全な形で受けるのが望ましいので，機会があったら受けてみるといいでしょう。

　もう少しホランド理論について述べます。職業を興味で選択することは，その個人の価値観や能力などが基準になって選択することです。つまり価値観や能力は，その人のパーソナリティのひとつの側面ですから，ホランドは，職業選択はパーソナリティの表出で，VPI検査はパーソナリティ検査と考えました。

　さて，世の中にたくさんの適性検査があります。今はインターネット上でも，簡単に検査を受けられます。また，コンピュータ診断を受けて，分厚い診断結果を取り寄せている人もいます。

　学生に適性検査を実施すると，結果をどう解釈してよいか迷ってしまう人がいます。占いではないので，そのテストの理論に基づいて結果を分析する必要があります。明記された職業名が自分で想像もしないものであると，どう判断していいのか混乱する人もいます。適性検査はあくまでも結果を自分の今まで理解している自分情報と合わせて分析することが重要なのです。適性検査の結果は職業選択の判断材料のひとつと考えて，その材料をもとに自己理解を深め，あなたが生き生きとできる職業を選択してください。

STEP 2

自分の生き方と職業の関係を分析する

　企業や役所などの組織体は，その組織の経営理念があり，それに基づいて事業方針が打ち出されます。その経営理念を具現化するために事業方針に沿って業務が遂行されます。

　わたしたちの人生も同じで，どのような生き方かという考えに沿うように，いろいろな選択がなされています。就職活動を目前にした学生の相談事のひとつに，公務員かそれともマスコミ関係に進もうか迷っているという悩みがあります。公務員といっても本当に範囲が広くて，警察官などの外勤職から一般的にイメージされている事務職などもあります。事務職と一口にいいますが，市役所の事務職から裁判所の事務職まで多岐にわたっています。なぜ公務員とマスコミなのか訊ねると，公務員は親の希望であるという理由で，またマスコミは自分が書くことが好きであるし，小さい頃の憧れでもあるからという理由です。

　マスコミ関係も，メディアなのか出版なのか，記者なのか営業なのか，選択肢がたくさんあります。この学生は何を基準に進路を選んだらいいのでしょう。

　この章のStep 1では，職業の興味を選択の指標として考えましたが，STEP 2では，自分の生き方を指標に職業選択を考えてみます。

　前述の学生の場合，地元で親と暮らす生き方が自分らしいという結論がでれば，その選択に基づく生き方です。それはその学生が望んでいるという認識のもとで選択したのであれば公務員を第一志望にして，仮に公務員の事務職ということであれば，それに近い職務内容の仕事ができる企業を第二希望として就職活動をすればいいわけです。

　大切なのは，自分の意志で生きていく道はどれかなのです。あなたはどのような生き方をしたいのでしょうか。あなたの希望の生き方に沿う職業を模索してみましょう。

CHAPTER 2

あなたにとって大切なこと

1 つぎの価値項目のなかで，あなたが大切だと思う順番に1，2…9と数字を書いて順位づけしてください。その理由も書いてください。

価値項目	順　位	理　　　　由
愛		
正義		
健康・安全		
富		
地位		
楽しみ		
奉仕		
仕事		
自己実現		

2 この価値の順位づけは，職業を選択するときに影響すると思いますか。影響すると思う人も，しないと思う人もその理由をできるだけ分析的に考えて，書いてください。

☆予備シートあり

自分と職業の関係をみてみよう

1 あなたはどのような生き方が大切と思いますか。

2 どのような職業に就きたいですか（具体的に職業が決まっている場合，その職業名を記入）。

3 その職業によって自分が大切と思う生き方が可能ですか，○で囲んでください。また可能，あるいは不可能と思う理由を書いてください。

　　　　可能　　or　　不可能

【理由】

4 あなたがその職業に就いた場合，どのような生活になると予想しますか。具体的に書きましょう。

5 その職業に就いた場合，今から3年後と5年後はどのような自分がイメージできますか（描写できるように具体的に書いてください）。

【3年後】

【5年後】

☆予備シートあり

CHAPTER 3

キャリア選択のバリアー

この章で発見することは

STEP1　わたしのバリアーの正体

STEP2　バリアーの克服法

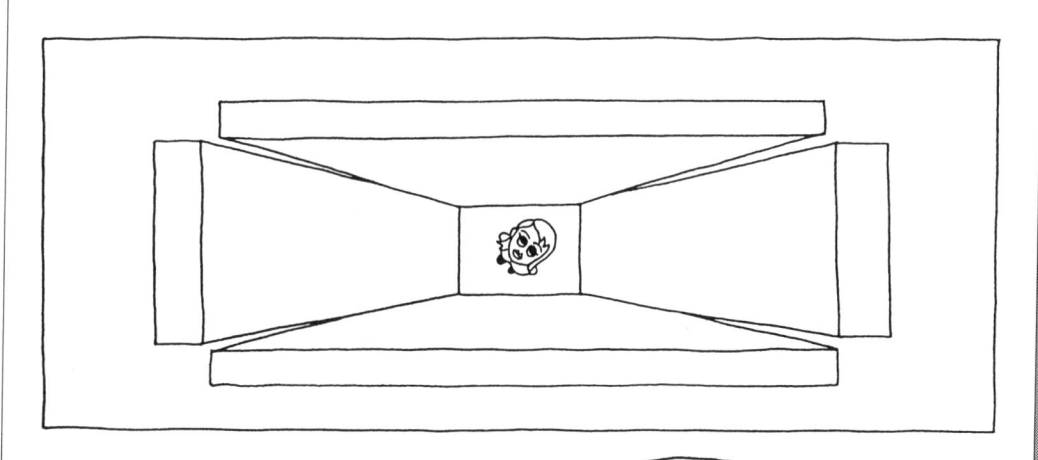

僕は、経営学部なんだけれど、医薬品関係の仕事に就けるのかな??

親が、地元に戻ってきなさい、早く結婚しなさい、と言うので、どうしたらいいのか‥‥

どう生きたいのかなあ〜自分の人生‥‥

―――SUMMARY―――

　このCHAPTER 3では，あなたのキャリアを選択する際のバリアー（障害）は，どのようなことであるかを探ります。
　STEP 1「わたしのバリアーの正体」では，将来の方向性がみえない理由や，職業を選択しかねているのは何が原因になっているのかをみつけます。
　STEP 2「バリアーの克服法」では，わたしたちが適切な行動をとるのを妨げるバリアーとなる思い込みを調べ，それらが，キャリア選択にどのようなバリアーとなっているのかを探ります。このCHAPTER 3のワークは少々難しくて，途中でやめてしまいたくなるかもしれませんが，粘って自己分析してください。

STEP 1

わたしのバリアーの正体

　自分が興味のある職業もわかったし，やりたいこともわかってきたのに，やはりどうしようかと迷っているとき，何かがキャリア選択のバリアーになっているものです。
　何があなたのキャリア選択のバリアーになっているのでしょうか。
　「親が地元で就職をしてほしいと言う」「女だから結婚したら仕事はやめなくては」「○○学部で不利じゃないのか」「地方出身者だから東京で就職活動をしても不利だろうな」など，限りなくキャリア選択にバリアーがつきまといます。まずは，就職活動を目前にしたあなたは，キャリア選択の結果を出すまで，このような迷いや不安などを積極的に取り除いていく必要があります。
　バリアーを取り除くためには，何があなたのバリアーになっているかを明確にすることからスタートします。バリアーの正体がわかれば，解決方法はみつかるものです。Chapter 2 の Step 2 のワークシート「わたしの生き方と職業の関係の分析」の結果と照らし合わせて解決していくとよいでしょう。
　大切なのは，あなたが自分の人生に責任を持って生きていけるかどうかです。自分で選択したものは，自分で責任がとれます。もし選択した結果が，最初にイメージしたものと違っていると思ったら，その時点でつぎのキャリアをどうするか考えればいいのです。長い人生です，軌道修正も，つぎのまったく違う人生もあなたは自分の意志で選択できるのです。かりにあなたが選択したキャリアが親の意向のものであっても，選択するのは自分です。それをあなたが認識していれば，自己選択で自分の人生を歩んでいるということになります。
　あなたの生き方に沿うキャリア選択を基軸に考えましょう。まずは，あなたのバリアーの正体を知りましょう。

わたしのバリアーの正体

1　つぎにいろいろな悩み事の項目があげられています。あなたが今悩んでいるものすべてに✓マークをつけてください。

1 （　） 自分の容姿	13 （　） 希望の会社について
2 （　） 自分の能力	14 （　） 親の自分への期待
3 （　） 自分の性格	15 （　） 学校や成績のこと
4 （　） 自分の体力や健康	16 （　） 勉強について
5 （　） 将来の生き方がはっきりしない	17 （　） 専門性と職業の関係
6 （　） 恋愛問題	18 （　） 希望の会社や職業への雇用機会の有無
7 （　） 経済的問題	19 （　） 公務員か民間企業などの選択肢
8 （　） アルバイトと学業のバランス	20 （　） 資格について
9 （　） 先生との関係	21 （　） 就業情報に関すること
10 （　） 家族関係	22 （　） 希望の職業や会社が不明確
11 （　） 友人関係	23 （　） 卒業後の方針・進路
12 （　） その他の人間関係	24 （　） その他（　　　　　　　　）

✓マークがついた合計　　　　　　　個

2　上記に✓マークがついた項目のなかで「解決する必要性の高い項目」と「キャリア選択のバリアー」となる項目を三つずつ高い順番にあげてください。「解決する必要性の高い項目」と「キャリア選択のバリアー」に同じ項目が入ってもかまいません。

解決する必要性の高い項目
1.
2.
3.

キャリア選択のバリアー
1.
2.
3.

☆予備シートあり

CHAPTER 3

3 「解決する必要性の高い項目」と「キャリア選択のバリアー」について，具体的に書いてみましょう。

```
解決する必要性の高い項目



```

```
キャリア選択のバリアー



```

4 「解決する必要性の高い項目」と「キャリア選択のバリアー」になるものの両方の悩みを合わせてみると，今のあなたはどういう状況ですか。

☆予備シートあり

5 そのような今のあなたを，つぎの人たちはどのようにみるでしょうか。その人たちの目で今のあなたの悩みについての感想やアドバイスを**せりふ**で書いてください。

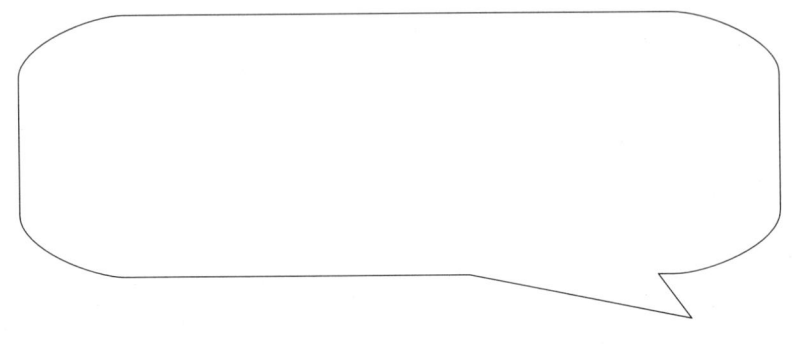

あなたの友人の心の言葉

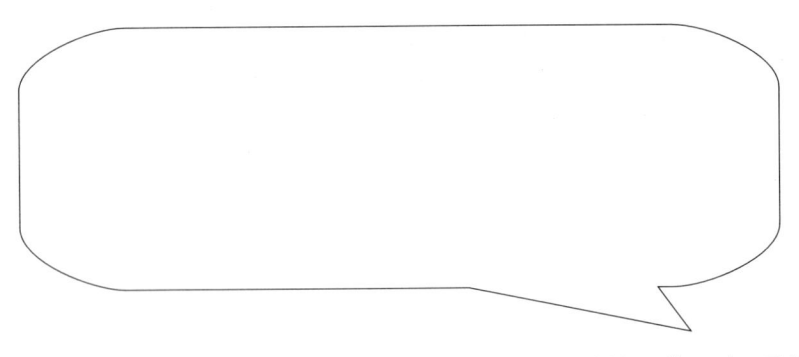

あなたの両親（あるいは家族など）の心の言葉

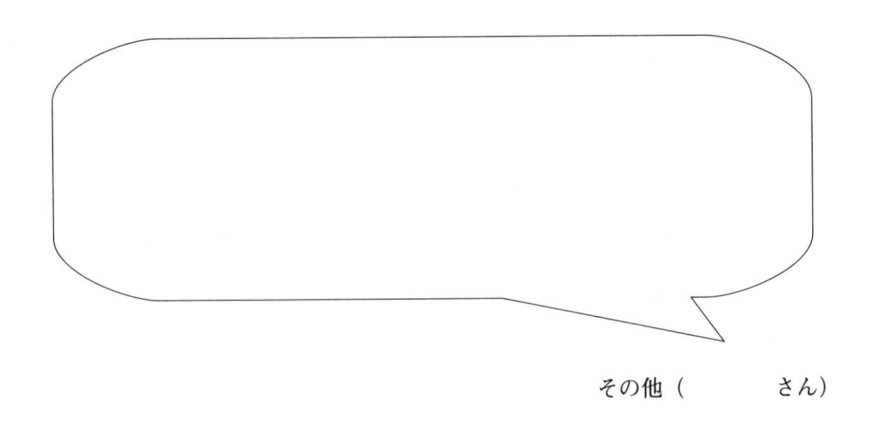

その他（　　　さん）

☆予備シートあり

STEP 2

バリアーの克服法

　Step 1であなたのバリアーがみつかりました。ではこのStep 2では，それをどうやって克服していくのか整理してみましょう。

　あなたはこれから仕事をしていく上で，解決しなければいけない多くの問題や課題に遭遇します。問題が何かわかると，それに対しての解決方法はみつかります。しかし，困るのは，問題があって仕事に差し障りがあるのに気がつかないことであったり，何か困ったことが起きていることには気がついているけれども，問題が何かわからないから，そのままにしていることです。

　今あなたがキャリア選択のバリアーをみつけて，克服していこうとすることは，これから就くであろう仕事でのシミュレーション（疑似体験）です。経験したことを，どのように仕事に応用していくかという視点でバリアーを克服してください。

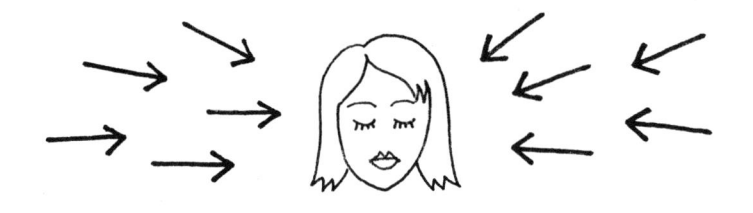

バリアーの克服法

　人は悩んでいるときに，冷静にかつ客観的にその悩みをみてみると，本当にそうなのかしら？と首を捻るような思いこみをしていることがあります。悩みや問題を解決しようとするときに，この思考のバリアーを取り除く必要があります。

1　つぎにいろいろな思いこみの例をあげています。あなたに当てはまると思うものに，✓マークをつけてください。その際に深く考えず，今のあなたの気分で反射的に答えてください。

　1（　）いくら頑張っても，もっとも必要なものは絶対わたしの手には入らない。
　2（　）わたしを助けてくれる人などどこにもいない。
　3（　）誰もがいつかはわたしを裏切る。
　4（　）他の人はわたしをもっと大事にしてくれるべきだ。
　5（　）他の人のほうが，わたしよりずっと大事だ。
　6（　）くつろぐのは安全ではない。
　7（　）わたしは強くなくてはならない。
　8（　）他の人たちに／すべてのことに対してわたしは責任がある。
　9（　）何かを成し遂げないかぎりは，評価されない。
10（　）まず人のことを考えなくてはならない。
11（　）この程度の努力では不足だ。
12（　）他の人の問題はみなわたしのせいだ。
13（　）皆に好かれなければならない。
14（　）いつも笑顔でいなければならない。
15（　）明るく楽しい性格でないと注目されない。
16（　）何をしようが，同じ。
17（　）わたしは物事を論理的に考えられない。
18（　）つねに論理的，理性的でなければならない。感情的，本能的なのはだめ。
19（　）それがだめになったら，わたしは永久に幸福になれない。
20（　）親は子どものわたしに口出しをする資格はない。
21（　）わたしは注目の的にならなくてはいけない。
22（　）人生は困難なものだ。
23（　）人生欲張ってはいけない。
24（　）わたしの希望など，どうでもいい。
25（　）わたしは人に愛されない。
26（　）波風をたててはいけない。
27（　）何事もきちんとやらなくてはならない。
28（　）間違いをしでかすのはいけないこと。

☆予備シートあり

29 （　）わたしは人と違っている（他の人と同じでなければならない）。
30 （　）自分がいかにすばらしいかを実証しなくてはならない。
31 （　）うまくいかないのはすべて自分のせい。
32 （　）わたしが何もかもやらなければならない。
33 （　）わたしはつねに力不足だ。
34 （　）いつも明るく，朗らかでなくてはならない。
35 （　）あれこれ聞くものではない。
36 （　）楽しんではいけない。
37 （　）わたしにはいやなことばかり起こる。
38 （　）感情は出してはいけない。
39 （　）人を喜ばせなければならない。
40 （　）わたしは間違いをおかしてはならない。
41 （　）女／男は強くなくてはならない。
42 （　）女／男は仕事で成功しなくてはならない。
43 （　）感情はコントロールできない。
44 （　）女／男は愛情深く，パートナーを支える存在であるべきだ。
45 （　）女／男は犠牲者だ。
46 （　）子どもは親の言うとおりにしなければならない。
47 （　）わたしは人前で泣いてはいけない。
48 （　）ありのままのわたしであるだけでは足りない。
49 （　）人はいつも前向きであるべきだ。
50 （　）皆はわたしより劣っている。

あなたは50問中，いくつ✓マークがつきましたか。

　　　　　個

☆予備シートあり

2　あなたの思いこみをチェックした結果，あなたのバリアーとなっている度合いが強いものを1～5個，書き出してください。それを例のように，書き換えてみましょう。もちろん，例文以外であなたらしい表現で思いこみを書き換えるのもよいでしょう。書き換えたとき「そうだよね」とか「あっそうか」というような気持ちになれたら書き換えがうまくいっています（うまく書き換えがいかなくても大丈夫です。まずは，やってみましょう）。

例　<u>わたしは強くなくてはならない</u>

　　　強いにこしたことはないけれど，ずっと強い人，どのような場合でもいつでも強い人っているだろうか。強くなる必要がある場面で，強くなれるようにすればいいだけ，失敗したら人間だものと思おう。でも，なぜいつも強くなる必要があるのだろう。だれが望んでいるのだろう……。だれのために強くなろうとしているんだろう…。

1.

2.

3.

4.

5.

☆予備シートあり

3 Step 1「わたしのバリアーの正体」の課題3で発見し具体的に書いたキャリア選択のバリアーにどのような思いこみがあるでしょうか，調べてみましょう（41ページ）。思いこみを発見した個所に線を引いて，下の欄の「キャリア選択にバリアーとなる思いこみ」に書きうつしてください。つぎに「あなたの希望を実現するために必要な考え方や行動」の欄に，キャリア選択に後悔がないように，あなた自身がどうしたいのか，そのために必要な行動や考えを書いてみましょう。

キャリア選択に バリアーとなる思いこみ		あなたの希望を実現するために必要な考えや行動
1.	⇒	1.
2.	⇒	2.
3.	⇒	3.
4.	⇒	4.
5.	⇒	5.

☆予備シートあり

CHAPTER 4

ライフスタイル探求

この章で発見することは

STEP1　今までのライフスタイル

STEP2　ライフスタイルと職業生活

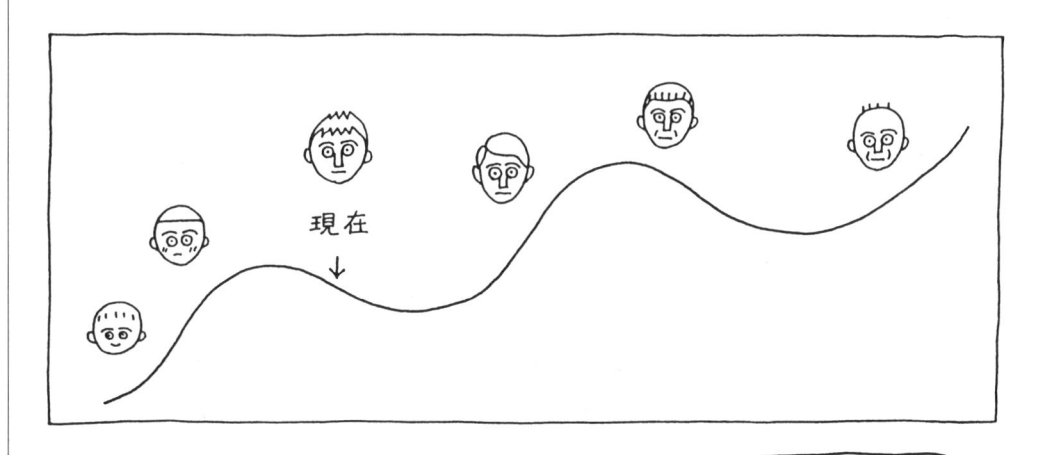

現在
↓

仕事を選ぶのにどうして、ライフスタイルまで考えるのですか？

それはね、選択した職業に就くと、その仕事の性質上、必要とされるライフスタイルをとらざるを得なくなるでしょう？

例えば、スチュワーデスになったら、大工になったら……と考えてみて

SUMMARY

　CHAPTER 4では，ライフスタイルについて探索します。
　STEP 1「今までのライフスタイル」では，今まで歩んできた道をふりかえります。つぎに，あなたに影響を与えた出来事にはどのようなものがあり，どのような人物がいたかをふりかえり，いま現在のあなたをみようとするものです。過去のあなたは，いまのあなたにつながっており，いまのあなたは未来のあなたにつながっています。これからの望むライフスタイルを生きるために，マイナスの影響やプラスの影響がどのような行動や感情を引き起こすのか，整理しましょう。
　STEP 2「ライフスタイルと職業生活」では，あなたが望むライフスタイルを手にするには，希望の職業とその条件を吟味する必要があります。また逆に，その職業選択をするということは，望むライフスタイルが前提となっている場合もあります。ここでは，自分がなぜそのライフスタイルを望むのかということと職業情報とをすりあわせていきます。

STEP 1

今までのライフスタイル

　あなたは生まれてから，今までどんな生活をしてきたのでしょう。人生八〇年としても，およそわずか四分の一の時間を過ごしただけですから，思い起こしてもたくさんの出来事があったとは言いがたい人もいるでしょう。でも，その年齢，年齢のあなたにとってはそれなりに，そのときなりに，感情や考え方などに大きな影響を与えたことがあったことは事実です。

　ここでは，今までのあなたの人生をふりかえってみましょう。子ども時代は子どもなりに，人それぞれのライフスタイルをとっていたはずです。

　学生のあなたの今のライフスタイルと，これから望むライフスタイルはどのようにつながっているのか，ここで考えてみましょう。ライフラインという一本の線で，生まれてから現在のあなたの人生の有様を描きます。線が変化するときに，何らかの出来事が起きています。その出来事が起きたとき，どのような人がまわりにいて，どのような環境で，どのような状況だったのでしょうか。そのときの感情や考えを思い出してください。そして，いまの自分に影響のあった人物や出来事を整理します。その自己分析による自己理解が，なぜあなたがそのライフスタイルを望んでいるのかを理解するヒントになるでしょう。

　ある人がつぎのようなことを言いました。小学校3年生頃から大人になったら，絶対に東京で暮らすと決めていたそうです。彼女は雪国生まれで，半年ほど，雪に囲まれている生活は，やりたいことをやるには不便だと思っていました。その上，彼女は父親から東京の大学に行っていたころの話や若いころ果たせなかった夢の話，女性が職業をもつことの大切さや素晴らしさを，折にふれては聞かされていました。このふたつのことが，いまの彼女のライフスタイルに大きな影響を与えていることはいうまでもありません。20代にいったん育児に専念した後，30代はじめに彼女は会社を起こし，自分が望んでいたライフスタイルを得ました。いま40代の彼女は，これからの50代の自分のライフスタイルをどのようなものにしたいのかを探索中です。

今までの自分をふりかえってみよう

　下の図はライフラインといい，あなたのこれまでの人生を一本の線で描こうとするものです。「このとき最高に幸せだった」という時は，0地点の線より上（＋100）の範囲で線を描き，「〜で辛かった」という時は0地点の線より下（−100）の範囲で線を描きます。

　下図の例を参考に，53ページのあなたのライフラインを描きましょう。ライフラインが変化する年の出来事とその年齢を0地点も点線の下に書いて，あなたの今までのライフラインを描いてください。

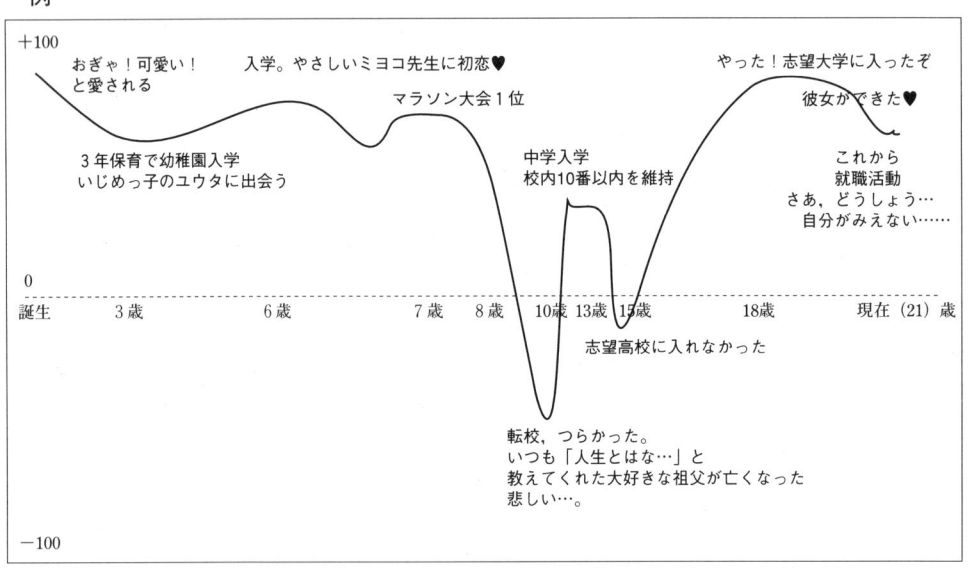

例

＋100
おぎゃ！可愛い！と愛される
入学。やさしいミヨコ先生に初恋♥
マラソン大会1位
やった！志望大学に入ったぞ
彼女ができた♥

3年保育で幼稚園入学
いじめっ子のユウタに出会う

中学入学
校内10番以内を維持

これから
就職活動
さあ、どうしょう…
自分がみえない……

0
誕生　　3歳　　　　6歳　　　　　7歳　8歳　　10歳 13歳 15歳　　18歳　　　現在（21）歳

志望高校に入れなかった

転校，つらかった。
いつも「人生とはな…」と
教えてくれた大好きな祖父が亡くなった
悲しい…。

−100

CHAPTER 4

ライフライン

+100

0 誕生

現在（　）歳

−100

53

影響のあった出来事や人物

ライフラインを描いてみて，いろいろなことが思い出されたことでしょう。さて，ここでは，いまのあなたに影響を与えた出来事や人物について整理しましょう。

1　いまのあなたに大きく影響を与えた出来事（環境でも可）を三つ書き，それらはどのような影響を与えたかを書いてください。

出来事1
どのような影響か

出来事2
どのような影響か

出来事3
どのような影響か

CHAPTER 4

2 いまのあなたに大きく影響を与えた人物を三人書き,その人たちはどのような影響を与えたのかを書いてください。その人物が言ったことばで印象に残っているものがあったら,それも書いてください。

人物1 どのような影響か
人物2 どのような影響か
人物3 どのような影響か

3 いままでの自分をふりかえって,どのようなことに影響を受けやすいかまとめてください。

ふりかえってみよう

　いままでの自分をふりかえってみていかがでしたか。

　いままでの自分をふりかえって，どのようなことに影響を受けやすいか自分に問いかけると，何か共通点がみえてきたり，なぜ受けやすいのかという理由がみえてきます。影響にはマイナスの影響と，プラスの影響があります。影響が大きいということは，あなたに何らかの感情や行動を引き起こします。心地よい感情も，あるいは反対にイヤな感情も引き起こすでしょうが，行動は適切なもの，つまりあなた自身が幸せになれる行動をすることが大切です。

　マイナスの影響をそのまま，マイナスの行動にしてしまうのではなく，どのようにプラスの行動に転換するかは，あなた次第です。

　あなたに行動を起こさせるエネルギーを知っておくと，スランプに陥ったときに，そこから脱出するヒントとなるでしょう。

　いまここにいる自分の考え方や行動，価値観などは，あなたが歩んできたことで身につけたものです。子どものころのライフスタイルは，親の影響が100％といっても過言ではないでしょう。でも，子ども心に，あなたはこうしたい，ああしたいと思い，親の目を盗んでは行動を起こしたりもしたはずです。徐々に自分の意思で動いてきたでしょう。子どものころよりも，いまのあなたのほうが自己責任のもとで行動できます。

　自分の人生に責任をとれるのは，誰でもないあなた自身です。子どものころのように親の目を盗まないで，行動の枠を広げていくには，あなた自身が自分という人間を一番理解する必要があります。実際，自分自身のことがわからなくて，行動できないことが多いものです。

　これからのあなたは，仕事や家庭をもつことで，またいろいろな影響を受けることは間違いないのです。仕事をもったライフスタイルに自分が満足できるように，職業を吟味して納得がいくような選択をしてください。

STEP 2

ライフスタイルと職業生活

　あなたは，卒業した後，どのようなライフスタイルを考えていますか。あなたが望むライフスタイルに，あなたのキャリアはどのような影響力をもつのかイメージしてみましょう。

　わたしたちの人生には，就職，結婚，子どもの誕生，転職などいろいろなライフイベント（人生の出来事）があります。それらが組み合わさってわたしたち一人ひとりの人生を形成します。

　ライフイベントのひとつの就職，つまりある職業を選択するというのは，その職業のもつ特色が反映されるライフスタイルを選択することになります。たとえばあなたがスチュワーデスなら，この職務を遂行するために時差のある，不規則なライフスタイルを避けられません。職業選択がライフスタイルの選択になるのですから，あなたが重きをおく価値が得られること，つまりその職業に就いていることがやりがいや生きがいにつながることが大切といえます。

　この Step 2 では，あなたがこれからどのようなライフスタイルを考えているかを探索していきます。あなたが興味のある職業とどのようなハーモニーを奏でるのでしょう。あなたの考えているライフスタイルを描くと同時に，興味のある職業の情報を集めましょう。

職業志向条件と勤務条件から職業を調べよう

1　あなたは職業にどのような条件が必要でしょうか。下記に職業志向条件と勤務条件についての質問が25項目あります。あなたの状況にあわせて①か②の視点で回答してください。

	普通以下（でよい）…	普通（にあって欲しい）…	普通以上（にあって欲しい）…	かなり沢山（あって欲しい）…	非常（にあって欲しい）…
① **あなたが就きたい職業が決まっている場合**　あなたが就きたいと望んでいる職業には，つぎのような条件がどの程度，備わっていると思いますか。該当する番号を○で囲んでください。 ② **あなたが就きたい職業がまだ決まっていない場合**　あなたは職業選択する際に，下記の各項目の条件がどの程度備わっている必要がありますか。該当する番号を○で囲んでください。右の選択肢の（ ）のなかの表現で考えて回答してください。					
1．安定した会社や勤め先であること	1	2	3	4	5
2．高い給与やボーナス	1	2	3	4	5
3．創造性・独創性を発揮する機会	1	2	3	4	5
4．仕事の内容が複雑で変化に富むこと	1	2	3	4	5
5．勤め先の福利厚生施設	1	2	3	4	5
6．昇進の可能性	1	2	3	4	5
7．自分に対する周囲の期待	1	2	3	4	5
8．仕事の気楽さ	1	2	3	4	5
9．上司とのよき人間関係	1	2	3	4	5
10．仕事の専門性	1	2	3	4	5
11．休日の数・勤務時間の短さ	1	2	3	4	5
12．仕事への誇り	1	2	3	4	5
13．仕事仲間とのよき人間関係	1	2	3	4	5
14．勤め先の世間での評判	1	2	3	4	5
15．困難な仕事へ挑戦する機会	1	2	3	4	5
16．仕事上での上司の実力	1	2	3	4	5
17．仕事環境の快適さ	1	2	3	4	5
18．仕事上での責任の重さ	1	2	3	4	5
19．仕事の上での自分の将来性	1	2	3	4	5
20．家庭的な職場の雰囲気	1	2	3	4	5

☆予備シートあり

21. 仕事をつうじて社会に役立つこと	1	2	3	4	5
22. 自分の能力が試される機会	1	2	3	4	5
23. 通勤の便利さ	1	2	3	4	5
24. 仕事が自由にまかされる機会	1	2	3	4	5
25. 実力本位・能力本位の処遇や報酬	1	2	3	4	5
縦計の小合計	a	b	c	d	e

(若林他，1983，引用者表作成)

2　縦計の小合計の各欄 a, b, c, d, e に縦の小合計を記入します。つぎに，各小合計を足して総合計を出してください。

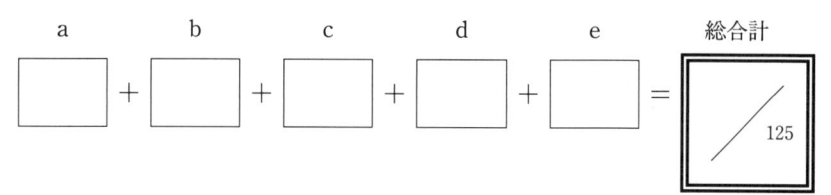

　　　a　　　b　　　c　　　d　　　e　　　総合計
　　[　] + [　] + [　] + [　] + [　] = [／125]

　あなたが就きたい職業の条件の場合は，その総合計が高くなるほど，あなたが選択した職業条件や勤務条件がそろっているといえます。また，あなたが就きたい職業が決まっていない場合は，この総合計が高くなるほど，あなたの職業条件や勤務条件にもとめるものが高くなります。あなたはいかがでしたか。

3　この「職業志向条件と勤務条件から吟味しよう」の結果，あなたの職業選択は，どのような条件が必要なのか自分なりの言葉でまとめてみましょう。

☆予備シートあり

勤務条件と職業生活

1 あなたは下記の項目で自分の職業生活で**絶対に**避けたい勤務条件はどれですか。該当する項目に✓印をつけてください。

勤　務　条　件	チェック
1．シフト（早番，遅番など）があって，不規則である。	
2．通勤時間が非常にかかる。	
3．一般の人が休みの土日，祝日が休みではない。	
4．毎日自分でスケジュールを立てて，自分で時間管理をしなければならない。	
5．長期休暇や，まとまった休暇がとれない。	
6．転勤がある。	
7．地元に戻れない。	
8．残業が多い。	
9．出張が多い。	
10．毎日同じ時間に出社し，帰宅する。	

2 あなたが興味のある職業，希望する職業はどのような勤務条件ですか。知っている範囲での記述でもいいですが，きちんと調べたほうが確かな職業情報になります。つぎに，勤務条件としての望ましさ度を選択肢から該当する番号を記入してください。

　　選択肢
　　　1．まったく望ましくない
　　　2．あまり望ましくない
　　　3．普通
　　　4．かなり望ましい
　　　5．とても望ましい

興味のある，希望する職業	勤　務　条　件	望ましさ度
1．		
2．		
3．		
4．		
5．		

CHAPTER 5

キャリア計画

この章で発見することは

STEP1　キャリア計画の下絵

STEP2　キャリア計画と目標

Career Plan

> 私は、結婚したら、家庭に入って、子どもから手がはなれたら、仕事をどうしようか、考えようかと思っています

> そうか、じゃあ、結婚も子育ても含めて、自分の人生をイメージしてみましょう！

> だから、キャリア計画はたてても‥‥。

> なにか、今のあなたのキャリア選択にヒントになることがあるわよ！

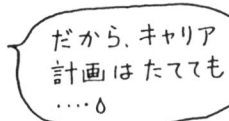

SUMMARY

　CHAPTER 5では，キャリア計画について探索します。ここでいうキャリアとは，一生を通してのあなたの生き方や表現を意味します。
　STEP 1「キャリア計画の下絵」では，あなたの一生をひとつの虹の形に描かれた六つのステージ（キャリアレインボー）のいろいろな役割をイメージしながら，あなたがこのように生きたいと希望している一生を描きます。
　STEP 2「キャリア計画と目標」では，キャリアーレインボーでの下絵をもとに，これからのあなたのキャリアをもっと具体的に記述し，行動目標とします。

STEP 1

キャリア計画のための下絵

「キャリア」「キャリア組」「キャリアウーマン」などの言葉をよく耳にします。「キャリア組」は「国家公務員試験一種（上級甲）合格者で，本庁に採用されている者」（広辞苑）であり，「キャリアウーマン」は「熟練した知識や技術をもち第一線で働いている女性」（広辞苑）を意味します。

さて「キャリア」についてはどうでしょう。「キャリア」は「（職業・生涯の）経歴」（広辞苑）のことで，エドガー，H. シャインは「キャリアとは，生涯を通しての人間の生き方・表現である」（1978）といっています。

もう，おわかりのここと思いますが，本書でいう「キャリア」は「生涯を通しての人間の生き方・表現」のことです。人は生涯ひとつの役割で通すということはありえません。たとえば，わたしたちは「子ども」「学生」「アルバイトをしている人」「恋人」というようにいくつかの役割を同時に担っているわけです。これらの役割のバランスをとりながら，毎日生きています。30歳代になれば，「親」などの役割も出てきて，わたしたちのキャリアも変化します。

この章では自分がキャリアで演じるいろいろなステージを想定して，どのような役割があるか，そして役割構成のバランスをみていきます。

まずは，あなたのキャリアの下絵を描きましょう。

キャリアレインボー

1 　下図は，キャリアレインボーといいます。あなたがこれからの人生でこれから担うステージを虹の形でイメージできるものです。キャリアレインボーそれぞれのステージであなたがどれくらいの時間を投入したいのか，どのくらいの長い期間やるのか，いつから始めるのかなど，例を参考にあなたの希望を線の太さや線の種類，ペンの色などで，自分なりに描いてください。

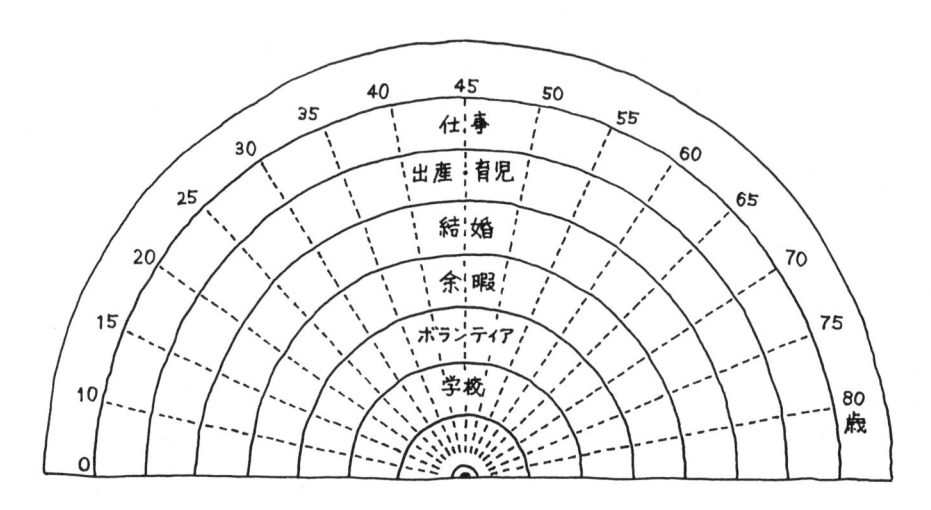

例

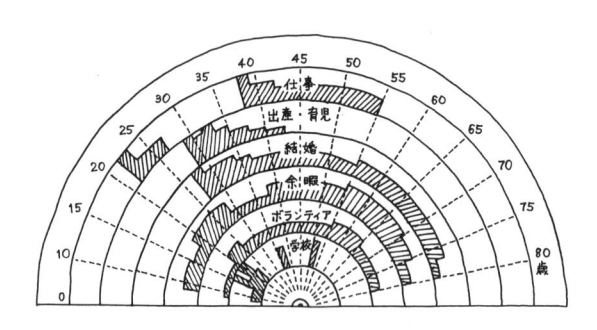

キーイベントの例
入学，卒業，留学，結婚，就職，出産，住宅購入，資格取得，昇進，再就職，ボランティア，退職，Uターン，パート・タイム，家事従事，転勤，体力・健康づくり等。

STEP 2

キャリア計画と目標

　Step 1 では，キャリアレインボーを描くことで，漠然としていた人生の過ごし方をどのような役割バランスにしたいのかでイメージしました。Step 2 では，あなたの将来への希望を整理していき，その希望を実現するための，仕事とのかかわりあい方や条件などを考えていきましょう。

　このようにキャリア計画をたてても，もちろんそのとおりになるとは限りません。しかし，自分が漠然とイメージしていたことや，そのイメージを現実のものにするには，やはり自分情報をきちんと整理していく必要があります。

　学生が職業選択のバリアーとして考えている項目に，限りなく100パーセントに近い割合で「自分の将来の生き方の不明確さ」があげられます。あなたはどうでしょうか。よくよく彼らの話を聞くと，どのように自分情報を収集し整理していったらよいのかわからないことが大きな要因になっているようです。

　いろいろな角度から自分の情報を収集し，整理していくことは，なかなか根気のいることです。もうひと頑張りして，キャリア計画を立てて具体的な目標設定をしてみましょう。

キャリア計画と目標

　Step 1 で描いたキャリアレインボーに基づき，これからのあなたの具体的な内容を忘れないように書きとめておきましょう。その各世代でイメージしたあなたになるための具体的な行動目標を書いてください。

世代	キャリアレインボーでの各世代のあなたは，どのようなあなたでしょうか。イメージした内容を記憶にとどめるためにも仕事，結婚，育児，勉強などいろいろな観点から具体的に記述してください。	行動目標
20代		
30代		
40代		
50代		
60代		
70代以降		

CHAPTER 6

仕事選択

この章で発見することは

STEP1　わたしの職業レディネス度

STEP2　選択した仕事と資格

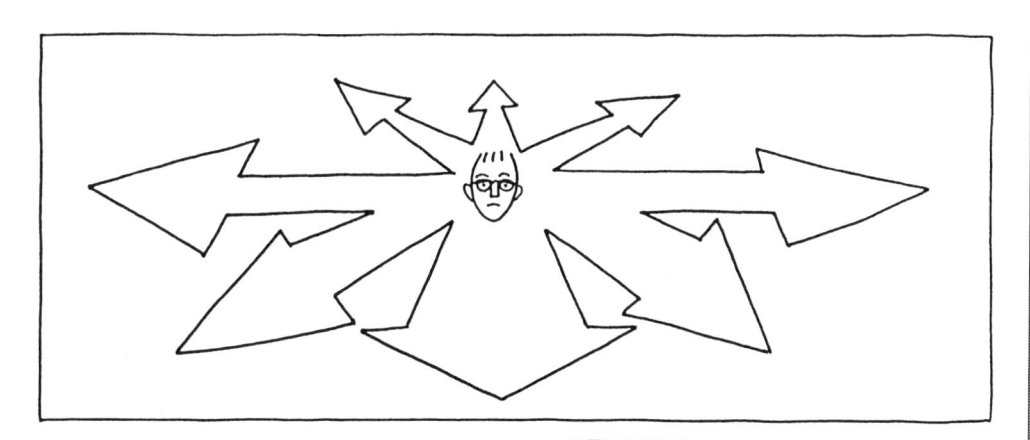

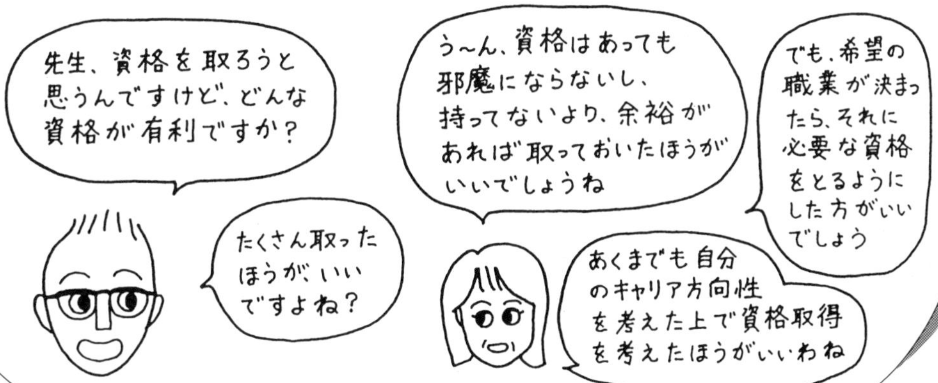

- 先生、資格を取ろうと思うんですけど、どんな資格が有利ですか？
- たくさん取ったほうがいいですよね？
- う〜ん、資格はあっても邪魔にならないし、持ってないより、余裕があれば取っておいたほうがいいでしょうね
- あくまでも自分のキャリア方向性を考えた上で資格取得を考えたほうがいいわね
- でも、希望の職業が決まったら、それに必要な資格をとるようにした方がいいでしょう

SUMMARY

　CHAPTER 6 では，仕事選択がテーマです。いままで収集してきた自分情報を整理する段階です。
　STEP 1「わたしの職業レディネス度」では，いまのあなたが，職業に就くことにたいして，どの程度の気持ちの準備ができているかをみます。
　STEP 2「選択した仕事」では，具体的な職業名があげられなくても，どちらの方向にすすむのかを整理し，それにはどのような資格が必要か情報収集します。実際に先輩や，就職部や情報紙，インターネットなどで調べて記入します。

STEP 1

わたしの職業レディネス度

　さて，いろいろな自分情報をそろそろ整理する段階にはいりました。ここで今までの課題を振り返ってみましょう。

　Chapter 1では，現在のあなたの自分のイメージや，行動特性をみることで，あなたのパーソナリティの輪郭をつかみました。Chapter 2では，適性の考え方を学び，自分の生き方と職業の関係を考えました。Chapter 3では，職業選択をする上で自分のバリアーとなるものは何か，またそれを克服するためにどのような方法があるのか探索しました。Chapter 4では，今までの自分情報の収集とともに，自分が望んでいるライフスタイルと職業生活（ある職業に伴う生活スタイル）との関係を知り，Chapter 5で，「キャリア」の概念について理解して，キャリア計画をたてました。

　そしてこのChapter 6では，どのような職業を選択したいのか，あるいは選択したらいいのか結論を出します。本章で，最終的に納得できる職業選択ができなくても，ある方向性はみつかるはずです。

　まずはStep 1で，職業に就くことに対して，どの程度気持ちの準備ができているのかをチェックしましょう。

　1，2年生の人は，3年生になったときもう一度この課題の結果を検討してください。3年生で，就職活動直前の人は自分の希望に一番近い職業，自分の価値観と照らし合わせて一番気持ちにしっくりくる，あるいは納得できる職業を第一候補として，第三までの選択肢をみつけましょう。

　職業ではみつかりにくい人は，入りたい企業でもいいのです。ただし，なぜそこの会社に入りたいのか自分で理解している必要があります。

職業レディネスチェック

あなたは，職業に就くことに対して，どの程度気持ちの準備ができているでしょうか。つぎの質問に答えて，あなたの職業レディネスをチェックしてみましょう。

1 つぎに示された事柄は，あなた自身の考えや状況に，どの程度当てはまりますか。
該当する記号を○で囲んでください。

	全く当てはまらない…	あまり当てはまらない…	少し当てはまる…	非常に当てはまる…
1. 仕事はどちらにしろ苦労が伴うものであるから，できれば職業に就かないで，自分の好きなことだけやっていたい。	a	b	c	d
2. 自分が就きたい職業は，前から決まっており，現在でもそれに向かって，準備を進めている。	a	b	c	d
3. 自分の将来は自分で考え，自分で自分にあった職業を探し，自分の力で挑戦して，それを獲得していきたいと思う。	a	b	c	d
4. いまは自分の好きなことだけに打ち込み，将来について考えるのは，もう少し後にしたい。	a	b	c	d
5. いろいろ迷ったが，最近は，自分がどのような職業に就くべきかよくわかってきた。	a	b	c	d
6. 職業を選ぶにあたっては，自分の趣味に合い，やりがいを感じる職業であるかどうかを，見極めることが，大切である。	a	b	c	d
7. 自分に何がむいているかわからないし，これといって得意なものもないので，職業を決める場合は，まわりの人の意見に従う。	a	b	c	d
8. 早く学校を卒業し，仕事をつうじて自分の実力をためしてみたい。	a	b	c	d
9. 自分の就きたい職業は限りなくあるが，自分にはどれひとつとして就けそうには思えない。	a	b	c	d
10. 自分が興味を持っている職業の内容は，十分に知っているので，就職のためにどのような条件が必要であるかは，よくわかっている。	a	b	c	d
11. 各人の職業は，その人が生まれたときに，ほぼ決定されていると思うから，あれこれ考えないで成り行きにまかせる。	a	b	c	d
12. 他人がいろいろなことをいうので，自分が本当に何をやりたいのか，わからなくなってしまっている。	a	b	c	d
13. 職業選択は，くじ引きのようなもので，あの人がその職業に就いているのは，偶然の結果である。	a	b	c	d
14. 自分は，職業の上で将来の目標があるので，それを実現させるために，自分でいろいろ考えてやっていく。	a	b	c	d
15. 適性なんてあってないようなものだから，あまり深く考えたり，準備をしないで，自分の就きたい仕事に挑戦しようと思う。	a	b	c	d
16. 自分が選んだ職業をつうじて，自分にどれだけの力があるのかを確かめてみることに大きな関心をもっている。	a	b	c	d

☆予備シートあり

17. どのような職業でもいいから，まず適当なところに就職し，将来のことはその後で，じっくり考えればいい。	a	b	c	d
18. 自分の職業は自分で選び，その選択に対して，自分で責任を負う必要がある。	a	b	c	d
19. 社会に出てから役立つ知識や資格を得ることに，大きな関心をもっている。	a	b	c	d
20. 自分が将来どうなるのか，まったくわからないのだから，本当のところ自分の適性にあった職業を考えても，意味がないと思う。	a	b	c	d

(若林ほか，1983に基づいて引用者が一部改変作成)

2 つぎに下欄に，各質問ごとに○をつけた回答記号の下欄の数字に○をつけてください。そして縦に各記号ごとに合計点を「縦の合計」の欄に記入します。つぎに各記号の合計（a＋b＋c＋d＝合計点数）を出してください。

集計表

職業選択への関心	a	b	c	d	選択範囲の限定性	a	b	c	d
質問1	4	3	2	1	質問2	1	2	3	4
質問4	4	3	2	1	質問5	1	2	3	4
質問8	1	2	3	4	質問9	4	3	2	1
質問16	1	2	3	4	質問12	4	3	2	1
質問19	1	2	3	4	質問20	4	3	2	1
縦の合計					縦の合計				

　　　　a＋b＋c＋d＝合計点数　　　　　　　a＋b＋c＋d＝合計点数
A．職業選択への関心　合計点数　　　B．選択範囲の限定性　合計点数
　　合計点数（　　　　）点　　　　　　　合計点数（　　　　）点

選択の現実性	a	b	c	d	選択の主体性	a	b	c	d
質問6	1	2	3	4	質問3	1	2	3	4
質問10	1	2	3	4	質問7	4	3	2	1
質問13	4	3	2	1	質問11	4	3	2	1
質問15	4	3	2	1	質問14	1	2	3	4
質問17	4	3	2	1	質問18	1	2	3	4
縦の合計					縦の合計				

　　　　a＋b＋c＋d＝合計点数　　　　　　　a＋b＋c＋d＝合計点数
C．選択の現実性　合計点数　　　　　D．選択の主体性　合計点数
　　合計点数（　　　　）点　　　　　　　合計点数（　　　　）点

☆予備シートあり

3　(A) 職業選択への関心　(B) 選択範囲の限定性　(C) 選択の現実性　(D) 選択の主体性　のそれぞれの合計点数を足してあなたの職業レディネス度をみてみましょう。

総合計の最高点は80点です。あなたの総合計点を下の基準（総合評価）に照らしあわせてみてください。進路に対するあなたの準備度が評定されます。

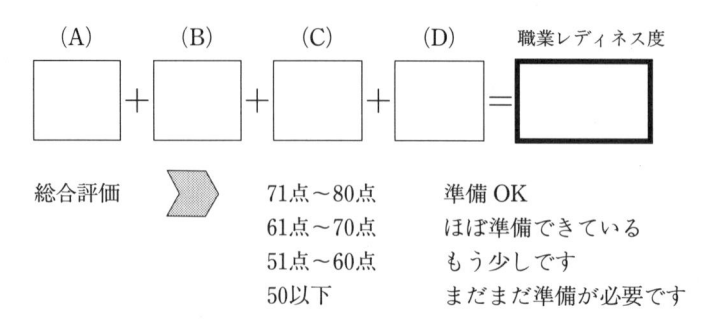

(A)　　　(B)　　　(C)　　　(D)　　　職業レディネス度

□　＋　□　＋　□　＋　□　＝　□

総合評価　▷　71点～80点　　準備OK
　　　　　　　61点～70点　　ほぼ準備できている
　　　　　　　51点～60点　　もう少しです
　　　　　　　50以下　　　　まだまだ準備が必要です

職業レディネスチェック項目の四つの領域はつぎの内容を現わしています。

職業選択への関心	職業選択をどの程度，重要なことと考え，どの程度，真剣に取り組むかの度合い。職業選択にどれほど関心をもち，どれほどやる気があるかの度合い。
選択範囲の限定性	ある職業に対して，どの程度，自分の興味や関心がまとまっているかの度合い。自分のやりたい仕事・職業が，どれほど絞り込まれているかの度合い。
選択の現実性	職業選択をどの程度，現実的に考えているかの度合い。自分の考えている職業が，実際に就ける可能性のあるものか否かの度合い。
選択の主体性	選択においてどの程度，自分の興味や適性を優先させるのかの度合い。親や教師などに進められたので，その職業に決定するというのではなく，自分が選んだ職業にどれだけ責任がもてるかの度合い。

4　あなたの職業レディネス度はいかがでしたか。四つの各職業レディネス領域についてのよい点や改善点などについて分析し，自分のレディネスの課題をはっきりさせましょう。

わたしの職業レディネスの課題：

☆予備シートあり

STEP 2

選択した職業と資格

　これからあなたがキャリアを展開していくときに，選択した職業はどのような資格が必要なのでしょう。資格はあって邪魔になるものではありません。それどころか資格を取るために勉強したことは，大いに仕事に役立たせることができます。

　でも，ただ就職をするためだけに，資格コレクターになるのはどうでしょうか。

　かりに，あなたが金融関係の営業職に就きたいという希望を持っているのなら，ファイナンシャルプランナー[*1]の資格や簿記[*2]の資格などが，これからのあなたのキャリアに大いに役立つでしょう。

　またあなたの希望が外資系の銀行の営業職で，ゆくゆくは外国を舞台に仕事をしたいという希望を持っていれば，上記の資格のほかにTOEFL[*2]やTOEIC[*4]の留学可能な得点取得を考えることを勧めます。コンピュータも使える必要があります。

　一方，あなたが数字に強いし，数字が好きなので経理関係の仕事をしたいという，希望が漠然とした状態なら，入社後経理部門に配属になるかは未定であっても，簿記ができて，コンピュータを使いこなせると，経理関係の業務に就く可能性は高くなります。すぐに経理部門に配属されなくても，経理の能力が優れている実績で経理部門に配属になるように仕事の成果をあげればいいのです。

　忘れてはいけないのは，資格は万能ではないということです。あくまでも仕事の質を高めるツール（道具）なのです。素晴らしい技術を持った先輩美容師と同じハサミを持っていても，持っているだけでは，素晴らしい美容師にはなれないということです。資格はあなたが手に入れた道具でしかないのです。美容師という職業にハンマーは必要ありません。ただし，ハンマーを美容技術を高めるために使いたいという創造的な考え方なら別です。

　＊1　ファイナルシャルプランナー：個人資産運用コンサルタント，株券や債券の売買のタイミングや，保険内容へのアドバイス，税金対策などについて相談を受け専門的な知識でアドバイスする。
　＊2　簿記：企業の資産・負債，資本の出納・増減を明瞭にする記帳方式。商業簿記・工業簿記・銀行簿記・農業簿記・官庁簿記などがある。
　＊3　TOEFL（Testing of English as a Foreign Language）：アメリカ国内で勉強する外国人のための英語の能力テスト。
　＊4　TOEIC（Test of English for International Communication）：国際コミュニケーション英語能力テスト。

「選択した職業と資格」情報整理シート

あなたは具体的な職業が選択できた，あるいは仕事の方向性が決まったら，資格に関する情報を調べて記入してください。

選択した職業，方向性	必要な資格 （選択した職業，方向性に対していくつでも）	資格に関する必要情報 （資格修得の方法，期日，条件など）
1.		
2.		
3.		
4.		
5.		

☆予備シートあり

CHAPTER 7

就職の意志決定

この章ではつぎのことを整理します。

STEP1　就職の意志決定

STEP2　面接の備え：自己理解

先生！僕は金融関係に行くことにしました　決まってよかった！

ちょっと待って！喜ぶのはまだ早い！

金融関係でもいろいろあるし、銀行でもいろいろあるのよ

もう少し、情報を集めてしっかり意志決定しましょう

はい……

SUMMARY

　CHAPTER 7では，具体的に企業情報を収集し，その企業情報と自分の希望をすりあわせます。

　STEP 1「就職の意志決定」では，なんとなくでもいいですから，就職したい企業についての情報を集めます。そして自己分析して自分情報と企業情報をすりあわせて，ほんとうに自分が就職を希望するのに適している企業か組織かを検討します。

　STEP 2「面接の備え：自己理解」では，絞り込んだ企業や組織のイメージにふさわしいあなたの行動や服装の外見的イメージを分析します。また自己PR文と志望動機を書いてみます。

STEP 1

就職の意志決定

さあ、ここまでワークが進むと、早い人では具体的な企業名が出てくる人もいると思います。もし、この時点で具体的な企業名が出てこなくても焦らないでください。もっと情報を集めることでまた少しずつ、自分の進む道がみえてきます。

このChapter 7まで進んできた段階では、はっきり自分が就きたい職業が決まった人も、まだ漠然としている人もいます。

はっきり職業がみつかったあなたは、具体的に企業名やその企業に関する情報を集めていきましょう。一方、まだ漠然としている人でも、それなりに企業の情報収集はできます。まず、あなたがどのような能力、資格、興味があるかなどによって、キャリアの方向性はみえていると思います。その段階であるということを前提に、一度企業に関する情報を集めましょう。そこから何かがみえてくることでしょう。

まずは、かりでいいですから、スタートラインに着いてみましょう。

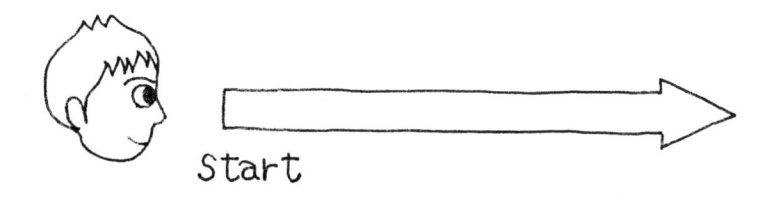

企業情報を収集しよう

あなたが希望する会社についての情報を集めましょう。

1　会社名	あなたが希望する理由
2　業　種	
3　やりたい仕事内容あるいは職種	
4　本社所在地　　住所　　　　電話	
5　支店，支社の数や所在地	就職活動するのに問題となる点
6　業　績	
7　採用状況	
8　その他メモ	
1　会社名	あなたが希望する理由
2　業　種	
3　やりたい仕事内容あるいは職種	
4　本社所在地　　住所　　　　電話	
5　支店，支社の数や所在地	就職活動するのに問題となる点
6　業　績	
7　採用状況	
8　その他メモ	

☆予備シートあり

1　会社名 2　業　種 3　やりたい仕事内容あるいは職種 4　本社所在地 　　住所 　　電話 5　支店，支社の数や所在地 6　業　績 7　採用状況 8　その他メモ	あなたが希望する理由 就職活動するのに問題となる点
1　会社名 2　業　種 3　やりたい仕事内容あるいは職種 4　本社所在地 　　住所 　　電話 5　支店，支社の数や所在地 6　業　績 7　採用状況 8　その他メモ	あなたが希望する理由 就職活動するのに問題となる点

STEP 2

面接の備え：自己理解

　インターネットで採用情報を提供する企業が増えてきました。まず，インターネット上でエントリーさせたり，応募内容の公開を予告して，その日だけしかチャンスを与えられないなど，就職活動をするためにはコンピュータができることが必須条件になってきました。

　このようなことは，企業側にとって，利便性や経費面だけではなく，少なくともコンピュータが使えるという能力を求めているということと，時代の変化の流れが早い現在で，あなたがチャンスをうまく摑み，対応できるかということもみることができるのです。情報化の時代に求められる能力としては，当たり前といえば当たり前のことです。

　あなたは，面接を受けるまで，いろいろな準備をする必要があります。セミナー参加の応募，資料請求，エントリーシート提出，履歴書，スーツ，バッグ，旅費などあげただけでも多岐にわたります。それらのひとつひとつを，就職活動にふさわしいものにするためには，短期間で準備するのが意外に大変です。そして，面接にどう答えていくかも考えておく必要があります。

　学生が面接で失敗することに，練習用に書いた内容を丸暗記して説得力のないプレゼンテーションをしてしまうことがあります。面接用の原稿を書くのは，あくまでも自分という商品の機能や質を理解し，企業に購入してもらうためのプレゼンテーションの下書きです。商品の性能をしっかり理解して，目を見て買ってくださいと，説得するためのメモです。説得して，相手に納得してもらうには，暗記のレベルでは到底購入してもらえません。一番わかってもらいたい性能は何かが，熱く語れて，初めて顧客の心が動きます。

　どれくらいあなたは自分を理解できましたか。しっかり自分を理解できていないと，マニュアル本どおりのプレゼンテーションにしかなりません。

CHAPTER 7

自分情報シート

1 セルフイメージ　コーディネート

1　セルフイメージ　コーディネート		
1　現在の自己イメージ	3　希望の会社のイメージ	4　就職活動に望まれるイメージ 服装 態度・表情 行動
2　理想の自己イメージ	4　希望職業のイメージ	

　企業や職業はそれぞれ，固有のイメージを持っています。その企業が求める人材像が，かつてはあまり明確ではなく，明るくやる気あふれているなど，どの企業も似通っていました。しかし現在は，そのようなことはもちろんのこと，具体的に必要な能力や行動特性が明確になっている企業も増えてきました。ただ，それは学生には提示されないことが多いのです。少しでも多くの情報を入手して，自己イメージをその会社で働いても違和感がなく，その職業のイメージをあなたが持っていることは，採用担当者に視覚的に大きな影響力をもつので，同じリクルートスーツでも，他の学生と違うあなたらしさを表現したいものです。

☆予備シートあり

2 現在の自分情報

つぎに今までの課題をふりかえりながら，あなたの自分情報を整理しましょう。

2　現在の自分情報		
1　自分の性格や特徴	6　ゼミの内容について	11　友人について
2　自分の興味・関心	7　ゼミ活動から学んだこと	12　親や家族の自分への期待
3　自分の生き方，価値観	8　アルバイトの内容について	13　周りの人たちの自分への見方
4　専攻を選んだ理由	9　アルバイトから学んだこと	14　取得資格について
5　専攻から学んだこと	10　家族について	15　将来の夢

CHAPTER 7

自己PR文を書いてみよう

　自分情報シートで整理したものや，今までの課題で自己分析してきたものを整理するつもりで，自己PR文を書いてみましょう。ただし，自己PRですので，あなたが採用担当者だったら採用したいと思うだろうかという視点で客観的に批判しながら厳しい目ででき具合を評価すると，いいでしょう。できれば，先生や両親などまわりの人に読んでもらってください。800字以内でまとめてください（次ページを含む）。

☆予備シートあり

志望動機を書いてみよう

　入りたい会社や組織，就きたい職業が決まった人は志望動機を書きましょう。志望動機というのは，自分はこういう人間であるという情報を示し，志望企業，志望先の企業がどのような組織体（どのような業種，提供商品，企業理念，風土など）であるかの情報に対して，このような自分だから仕事を得たいという気持ち（動機）を書くものです。自分と志望企業，組織がどのようにマッチングしているかを頭に入れて，自分の想いを書いてください。字数は800字以内です（次ページを含む）。

☆予備シートあり

CHAPTER 8

前に進むために

この章でまとめることは

STEP1　　目標設定「5年後と10年後のわたし」

STEP2　　就職活動のアクションプラン

> 就職した来年の自分すらしっかり想像できないのに、5年後、10年後の自分をイメージすることなんてできないですよ

> ライフラインであなたたちは自分の人生を線で描いたでしょう　その線の上の5年後、10年後の自分はどうなっていたいのかしら？

> ほらを吹くつもりでいいのよ　「こうありたい！」とイメージしてごらんなさい　そこから逆算して、今何をしたらよいのか考えるのよ

SUMMARY

　CHAPTER 8では，これからのあなたの姿と行動について探索します。
　STEP 1「目標設定：5年後と10年後のわたし」では，5年後と10年後のあなたがどのようになっていたいのかという希望を文章にします。実現できるか否かは考えずにあくまでも，「こんな生活がしたい」「こんな自分になりたい」という視点から想像してください。
　STEP 2「就職活動のアクションプラン」では，実際に就職活動を行う行動プランを具体的にスケジュール化します。

STEP 1

目標設定「5年後と10年後のわたし」

　さあ，最後のChapterになりました。このChapter 8では，あなたの5年後と10年後の姿を絵が描けるほど，具体的にイメージします。

　なぜ，絵で描写できるほど具体的にイメージすることが大切なのでしょうか。

　潜在意識に，なりたい自分の姿や状況のイメージ画で働きかけると，それが現実になるという考えがあります。つまり，具体的に絵が描けるというのは，それを実現するためにどのような行動や意識が必要かがみえてくることでもあるのです。どの山に登ってよいのかわからないで，登山に向かうのと，上りたい山がわかっているのとでは，疲労度も，頂上に辿り着く時間も違うということです。これらの考え方を提唱している人にJ. マフィーや，N. V. ピールがいます。彼らの著書を読んで知っている人もいるでしょう。また，個人の生き方重視の意識改革を提唱したウエイン・W. ダイアーの考え方にも，共通するものがあります。

　ということで，このStep 1では5年後と10年後の自分を，実際にできる，できないということは一切考えず，とにかく「ホラふき」になったつもりで大きな夢を実現した自分の姿，本当になりたい自分になってください。

5年後と10年後の"ありたい姿"のわたし

　5年後，10年後のあなたは何歳ですか。どのようなライフスタイルですか。家族は？　仕事は？　余暇の過ごし方は？

　ここでは，「この程度が現実だろう」という5年後，10年後のあなたをイメージするのではなく，「こうありたい！」「こうだったらいいな！」という視点で，5年後，10年後のあなたになっているという状況設定で描写してみましょう。ホラを吹くつもりで，それを読んだ人が絵が描けるくらいリアルに表現しましょう。今現在のことをホラ吹くのは，うそつきですが，将来のことについては当てはまりません。なぜなら，実現すればいいのです。そしてこう書いたことや，口にしたことはわたしたちの脳にインプットされるので，より実現の方向にあなたは歩んでいくことでしょう。

```
5年後のわたし
今は，20___年，私は_____歳です。
```

```
10年後のわたし
今は，20___年，私は_____歳です。
```

STEP 2

就職活動のアクションプラン

　最後の課題になりました。このStep 2では，就職活動の具体的活動計画をたてます。この時点で，あなたが就きたい仕事や入りたい会社や組織がはっきりしていると，ここでの課題は立てやすいでしょう。また，具体的な職種や会社などがいまひとつはっきりしないけれど，飲食関係のサービス職務，会計関係の仕事内容というふうに，方向性がみえていることが望ましいのです。

　あなたはどうでしょうか。

　実際，まだよく自己理解ができていなくて，迷っている学生も実際に多いと思います。焦ってもしかたがないのです。まだ自分の生きる方向性がみつからないから，しばらくアルバイトでいろいろ経験をしながら自分の道をみつけますという人，留年あるいは大学院に進学してもうすこし勉強をしながら自分の適性を考えますという人もいます。いろいろな生き方があり，そのように選択できる時代になったことはほんとうによいことです。しかしそういう選択が許されないのなら，自分探索しつづけながら，就職活動をしなければなりません。方向性がみつからない苦しさのなかで，「あ…，自分がやりたかったことはこれだったんだ！」と発見する可能性もあるので，もう一度課題をふりかえったり，巻末の予備のワークシートに取り組んで就職活動している自分の気持ちと自分情報をしっかりすりあわせしながら，あきらめずに探していきましょう。

　いま学生時代というステージにひとくぎりをつけて，仕事に就くことを深く考えることは，これが最後ではありません。これから先も同様なことが何回かあなたの人生に起きるでしょう。決してこれが最初で最後ではなく，いまスタートラインにたったばかりだということを忘れないでください。Chapter 5で述べたように，キャリアは生涯を通してのあなたの生き方・表現です。あなたがいま書いた人生脚本は，描いてもせいぜい10年後ぐらいまでのあなたです。違う脚本を書きたくなったとき，その脚本を演じられるように力をつけながら道を進んでください。。

　就職活動の第一歩をしっかりふみだしてください。

就職活動のアクションプラン

例を参考に、あなたの就職活動のアクションプランをつくってみましょう。

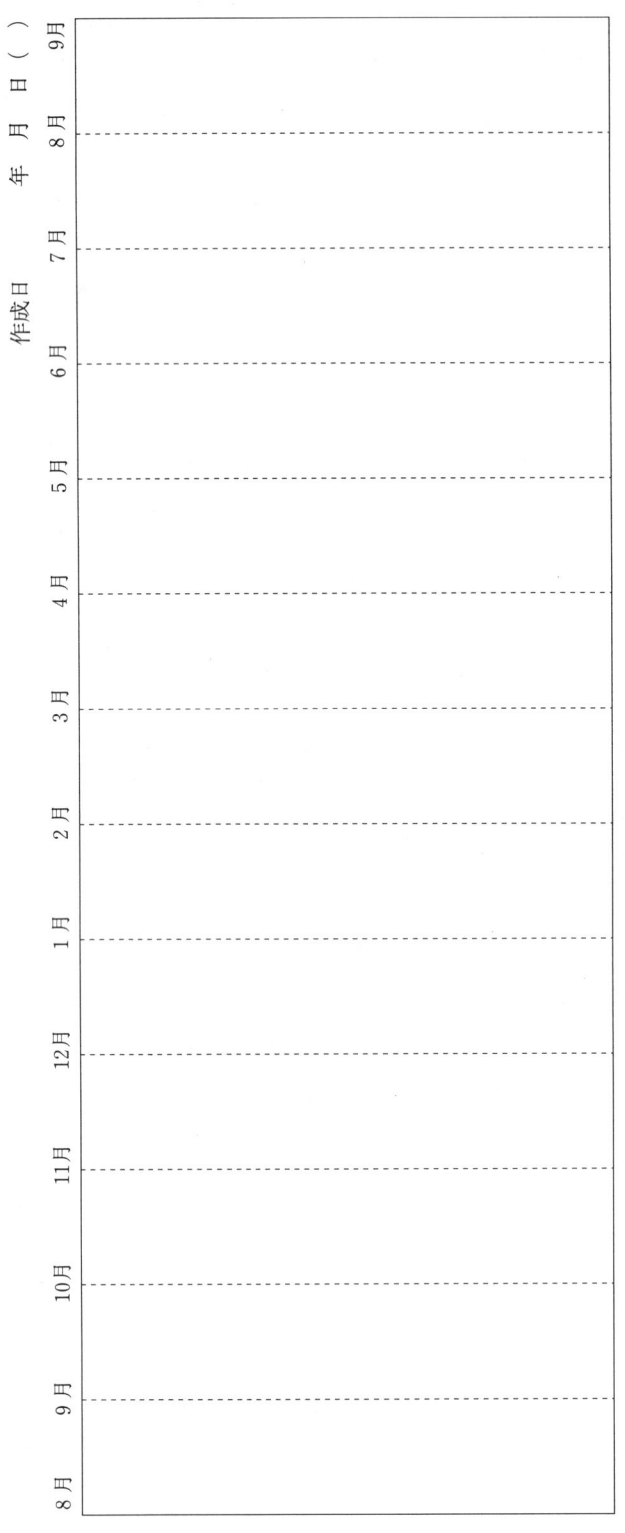

作成日　年　月　日（　）

8月	9月	10月	11月	12月	1月	2月	3月	4月	5月	6月	7月	8月	9月

例

8月：適性検査／宅建予備校へ通学
9月：スーツ等購入／インターネット検索開始
10月：履歴書下書き／*受検／登録／就職部面談1
11月：公務員
12月：受験勉強開始／就職部面談2／セミナー参加
3月：企業面接開始
6月：内定！
7月：*試験 第3日曜
8月：英会話学校通学

Key Words For Action
- スーツ購入（ワイシャツ、ネクタイ、靴、ブラウス、ソックス、鞄など）・資格取得
- 適性検査診断受検・インターネット検索
- 就職部に相談・履歴書作成
- エントリーシート入手、記入、面接指導を受ける

☆予備シートあり

POINT

予備ワークシート

予備ワークシート

今の自分を認識しよう（自己評価用）

あなたは，ふだん自分をどのような人と捉えていますか。現在の自分をイメージして，つぎの1～18の項目のそれぞれについて，当てはまるところに●印をつけて，その印を線で結んであなたの自己イメージのプロフィール（●印を線で結んでできた縦の折れ線グラフ）を描きましょう。願望ではなく，実際の自分のイメージを描いてください。

1. 勇敢な	⊢─┼─┼─┼─┼─┼─┤	臆病な
2. 頼りない	⊢─┼─┼─┼─┼─┼─┤	頼もしい
3. 狭い	⊢─┼─┼─┼─┼─┼─┤	広い
4. にぎやかな	⊢─┼─┼─┼─┼─┼─┤	静かな
5. 慎重な	⊢─┼─┼─┼─┼─┼─┤	軽率な
6. 幸福な	⊢─┼─┼─┼─┼─┼─┤	不幸な
7. 嫌いな	⊢─┼─┼─┼─┼─┼─┤	好きな
8. 陰気な	⊢─┼─┼─┼─┼─┼─┤	陽気な
9. 自分勝手な	⊢─┼─┼─┼─┼─┼─┤	思いやりのある
10. 鈍感な	⊢─┼─┼─┼─┼─┼─┤	敏感な
11. まじめな	⊢─┼─┼─┼─┼─┼─┤	不まじめな
12. 平凡な	⊢─┼─┼─┼─┼─┼─┤	非凡な
13. 無口な	⊢─┼─┼─┼─┼─┼─┤	おしゃべりな
14. 不正直な	⊢─┼─┼─┼─┼─┼─┤	正直な
15. 地味な	⊢─┼─┼─┼─┼─┼─┤	派手な
16. 閉鎖的な	⊢─┼─┼─┼─┼─┼─┤	開放的な
17. でしゃばりな	⊢─┼─┼─┼─┼─┼─┤	ひかえめな
18. 几帳面な	⊢─┼─┼─┼─┼─┼─┤	だらしない

あなたは現在の自己イメージのプロフィールを客観的にみると，どのような人物像でしょうか。文章で表わしてみましょう。

予備ワークシート

理想の自己イメージ
前の要領にならって，今度は，理想の自分，こうなりたい自分のイメージを描きましょう。

1. 勇敢な	├─┼─┼─┼─┼─┼─┤	臆病な
2. 頼りない	├─┼─┼─┼─┼─┼─┤	頼もしい
3. 狭い	├─┼─┼─┼─┼─┼─┤	広い
4. にぎやかな	├─┼─┼─┼─┼─┼─┤	静かな
5. 慎重な	├─┼─┼─┼─┼─┼─┤	軽率な
6. 幸福な	├─┼─┼─┼─┼─┼─┤	不幸な
7. 嫌いな	├─┼─┼─┼─┼─┼─┤	好きな
8. 陰気な	├─┼─┼─┼─┼─┼─┤	陽気な
9. 自分勝手な	├─┼─┼─┼─┼─┼─┤	思いやりのある
10. 鈍感な	├─┼─┼─┼─┼─┼─┤	敏感な
11. まじめな	├─┼─┼─┼─┼─┼─┤	不まじめな
12. 平凡な	├─┼─┼─┼─┼─┼─┤	非凡な
13. 無口な	├─┼─┼─┼─┼─┼─┤	おしゃべりな
14. 不正直な	├─┼─┼─┼─┼─┼─┤	正直な
15. 地味な	├─┼─┼─┼─┼─┼─┤	派手な
16. 閉鎖的な	├─┼─┼─┼─┼─┼─┤	開放的な
17. でしゃばりな	├─┼─┼─┼─┼─┼─┤	ひかえめな
18. 几帳面な	├─┼─┼─┼─┼─┼─┤	だらしない

あなたの理想の自己イメージのプロフィールからは，どのような人物が想像できますか。客観的にイメージ像をとらえて，文章で表わしましょう。

予備ワークシート

エゴグラムチェックリスト

			学校の私	家の私	アルバイトの私
CP	1	何事もきちんとしないと気がすまないほうですか。			
	2	人が間違ったことをしたとき，なかなか許しませんか。			
	3	自分を責任感の強い人間だと思いますか。			
	4	自分の考えを譲らないで，最後まで押しとおしますか。			
	5	礼儀，作法についてきびしいしつけを受けましたか。			
	6	何事も，やりだしたら最後までやらないと気がすみませんか。			
	7	親から何か言われたら，そのとおりにしますか。			
	8	「だめじゃないか」「…しなくてはいけない」という言い方をしますか。			
	9	時間やお金にルーズなことが嫌いですか。			
	10	親になったとき，子どもをきびしく育てると思いますか。			
		小　計			

NP	1	人から道を聞かれたとき，親切に教えてあげますか。			
	2	友だちや後輩をほめることがよくありますか。			
	3	他人の世話をすることが好きですか。			
	4	人の悪いところよりも，良いところを見るようにしますか。			
	5	がっかりしている人がいたら，慰めたり，元気づけてやりますか。			
	6	友だちとかまわりの人に何か買ってあげるのが好きですか。			
	7	助けを求められると，私に任せなさい，と引き受けますか。			
	8	誰かが失敗したとき，責めないで許してあげますか。			
	9	弟や妹，または年下の子を可愛がるほうですか。			
	10	食べ物や着る物に困っている友人などを，助けてあげますか。			
		小　計			

A	1	いろいろな本をよく読むほうですか。			
	2	何かうまくいかなくても，あまりカッとなりませんか。			
	3	何か決めるとき，いろいろな人の意見を聞いて参考にしますか。			
	4	はじめてのことをする場合，よく調べてからにしますか。			
	5	何かする場合，自分にとって損か得かよく考えますか。			
	6	何かわからないことがあると，人に聞いたり，相談したりしますか。			
	7	体の調子が悪いとき，自重して無理しないようにしますか。			
	8	両親と，冷静に，よく話し合いますか。			
	9	勉強や仕事をテキパキと片づけていくほうですか。			
	10	迷信や占いなどは絶対に信じないほうですか。			
		小　計			

FC	1	おしゃれが好きなほうですか。			
	2	皆と騒いだり，はしゃいだりするのが好きですか。			
	3	「わぁ」「すげぇ」「かっこいい！」などの感嘆詞をよく使いますか。			
	4	言いたいことを遠慮なく言うことができますか。			
	5	うれしいときや悲しいときに，顔や動作に自由に表わすことができますか。			
	6	欲しいものは，手に入れないと気がすまないほうですか。			
	7	異性に自由に話しかけることができますか。			
	8	人に冗談を言ったり，からかったりするのが好きですか。			
	9	絵を描いたり，歌ったりすることが好きですか。			
	10	嫌なことを，いやと言いますか。			
		小　　計			

AC	1	人の顔色を見て，行動をとるようなくせがありますか。			
	2	嫌なことをいやと言わずに，おさえてしまうことが多いですか。			
	3	劣等感が強いほうですか。			
	4	何か頼まれると，すぐにやらないで引き延ばす癖がありますか。			
	5	いつも無理をして，人からよく思われようと努めていますか。			
	6	本当に自分の考えよりも，親や人の言うことに影響されやすいほうですか。			
	7	悲しみや憂鬱な気持ちになることがよくありますか。			
	8	遠慮がちで消極的なほうですか。			
	9	親の機嫌をとるような面がありますか。			
	10	内心では不満だが，表面では満足しているように振る舞いますか。			
		小　　計			

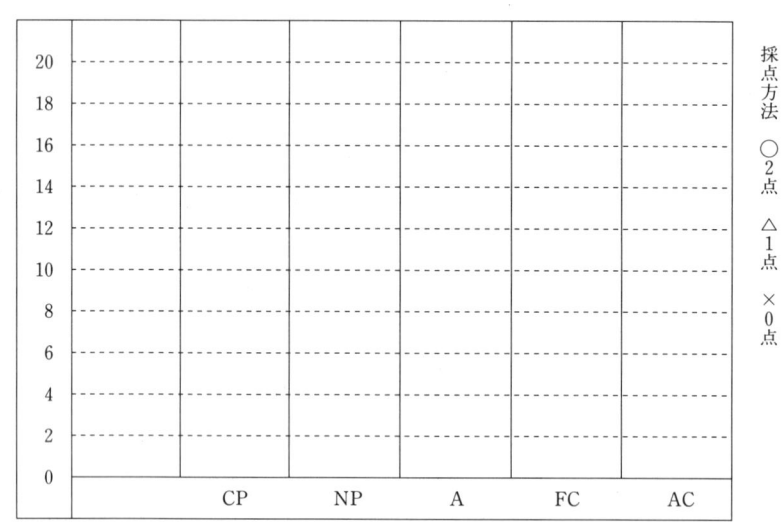

採点方法
○2点
△1点
×0点

横軸：CP　NP　A　FC　AC
縦軸：0, 2, 4, 6, 8, 10, 12, 14, 16, 18, 20

（杉田：交流分析，第2章，38-39（1985）を参考にし，引用者が一部改変）

予備ワークシート

興味のある職業調べ

1 つぎに36種類の職業名があげられています。あなたが興味ある職業の（ ）に✓をつけてください。そのときにできるできない，本当になれるなれないなどは一切考えず，興味があるかないかで答えてください。

1 （ ）ファッション アドバイザー　　13 （ ）カウンセラー　　　　　　25 （ ）大使館職員
2 （ ）役所の事務職　　　　　　　　14 （ ）経理事務　　　　　　　　26 （ ）旅行社カウンター係
3 （ ）スチュワーデス・スチュワード　15 （ ）弁護士　　　　　　　　　27 （ ）経営コンサルタント
4 （ ）雑誌記者　　　　　　　　　　16 （ ）コピーライター　　　　　28 （ ）商業デザイナー
5 （ ）トレーサー　　　　　　　　　17 （ ）自動車設計技師　　　　　29 （ ）測量士
6 （ ）経済学者　　　　　　　　　　18 （ ）学者　　　　　　　　　　30 （ ）技術開発者
7 （ ）警察官　　　　　　　　　　　19 （ ）スポーツ インストラクター　31 （ ）看護婦・看護士
8 （ ）税理士　　　　　　　　　　　20 （ ）一般事務職　　　　　　　32 （ ）プログラマー
9 （ ）不動産鑑定士　　　　　　　　21 （ ）アナウンサー　　　　　　33 （ ）新聞記者
10 （ ）音楽教師　　　　　　　　　　22 （ ）小説家　　　　　　　　　34 （ ）イラストレーター
11 （ ）調理師　　　　　　　　　　　23 （ ）消防士　　　　　　　　　35 （ ）酪農家
12 （ ）医師　　　　　　　　　　　　24 （ ）システム・エンジニア　　 36 （ ）パイロット

2 つぎの表の数字に，✓をつけた職業の数字を○で囲み，合計の欄に縦に合計した数字を書いてください。つぎに順位の欄に合計点数の高いものの順に1位，2位，3位を記入してください。もし同得点があったら，同順位のものすべてを記入してください。（例，Rが1位，SもEも2位，Aが3位）

		S	C	E	A	R	I
チェックナンバー		1	2	3	4	5	6
		7	8	9	10	11	12
		13	14	15	16	17	18
		19	20	21	22	23	24
		25	26	27	28	29	30
		31	32	33	34	35	36
合計							
順位							

3 あなたの興味領域（S，C，E，A，R，I）の上位三位を書いてください（二つ以上同順位があればすべて記入）。

一位 [　　　]　　　二位 [　　　]　　　三位 [　　　]

4 32ページの興味領域の説明をよく読んで，結果について分析し，それについての感想を書きましょう。分析するときは，上位三つについて注目し関連づけながら分析してください。

結果分析

感　想

予備ワークシート

あなたにとって大切なこと

1 つぎの価値項目のなかで、あなたが大切だと思う順番に1，2…9と数字を書いて順位づけしてください。その理由も書いてください。

価値項目	順 位	理　　　由
愛		
正義		
健康・安全		
富		
地位		
楽しみ		
奉仕		
仕事		
自己実現		

2 この価値の順位づけは、職業を選択するときに影響すると思いますか。影響すると思う人も、しないと思う人もその理由をできるだけ分析的に考えて、書いてください。

予備ワークシート

自分と職業の関係をみてみよう

1　あなたはどのような生き方が大切と思いますか。

2　どのような職業に就きたいですか（具体的に職業が決まっている場合，その職業名を記入）。

3　その職業によって自分が大切と思う生き方が可能ですか，○で囲んでください。また可能，あるいは不可能と思う理由を書いてください。

　　　　可能　　or　　不可能

【理由】

4　あなたがその職業に就いた場合，どのような生活になると予想しますか。具体的に書きましょう。

5　その職業に就いた場合，今から3年後と5年後はどのような自分がイメージできますか（描写できるように具体的に書いてください）。

【3年後】

【5年後】

予備ワークシート

わたしのバリアーの正体

1 つぎにいろいろな悩み事の項目があげられています。あなたが今悩んでいるものすべてに✓マークをつけてください。

1 (　) 自分の容姿
2 (　) 自分の能力
3 (　) 自分の性格
4 (　) 自分の体力や健康
5 (　) 将来の生き方がはっきりしない
6 (　) 恋愛問題
7 (　) 経済的問題
8 (　) アルバイトと学業のバランス
9 (　) 先生との関係
10 (　) 家族関係
11 (　) 友人関係
12 (　) その他の人間関係

13 (　) 希望の会社について
14 (　) 親の自分への期待
15 (　) 学校や成績のこと
16 (　) 勉強について
17 (　) 専門性と職業の関係
18 (　) 希望の会社や職業への雇用機会の有無
19 (　) 公務員か民間企業などの選択肢
20 (　) 資格について
21 (　) 就業情報に関すること
22 (　) 希望の職業や会社が不明確
23 (　) 卒業後の方針・進路
24 (　) その他 (　　　　　　　　)

✓マークがついた合計　　　　　　個

2 上記に✓マークがついた項目のなかで「解決する必要性の高い項目」と「キャリア選択のバリアー」となる項目を三つずつ高い順番にあげてください。「解決する必要性の高い項目」と「キャリア選択のバリアー」に同じ項目が入ってもかまいません。

解決する必要性の高い項目
1.
2.
3.

キャリア選択のバリアー
1.
2.
3.

3 「解決する必要性の高い項目」と「キャリア選択のバリアー」について，具体的に書いてみましょう。

解決する必要性の高い項目

キャリア選択のバリアー

---

4 「解決する必要性の高い項目」と「キャリア選択のバリアー」になるものの両方の悩みを合わせてみると，今のあなたはどういう状況ですか。

予備ワークシート

5 そのような今のあなたを，つぎの人たちはどのようにみるでしょうか。その人たちの目で今のあなたの悩みについての感想やアドバイスを**せりふ**で書いてください。

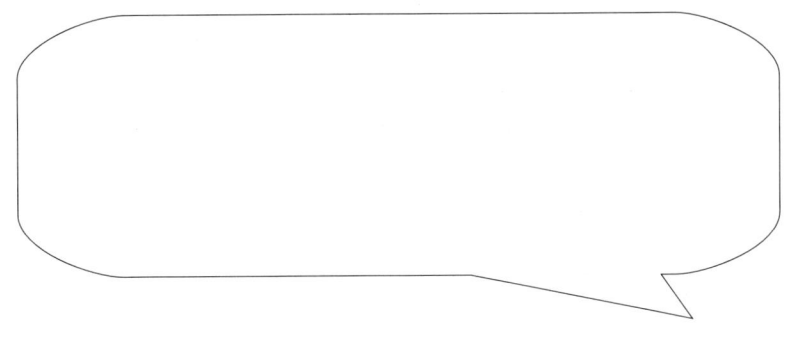

あなたの友人の心の言葉

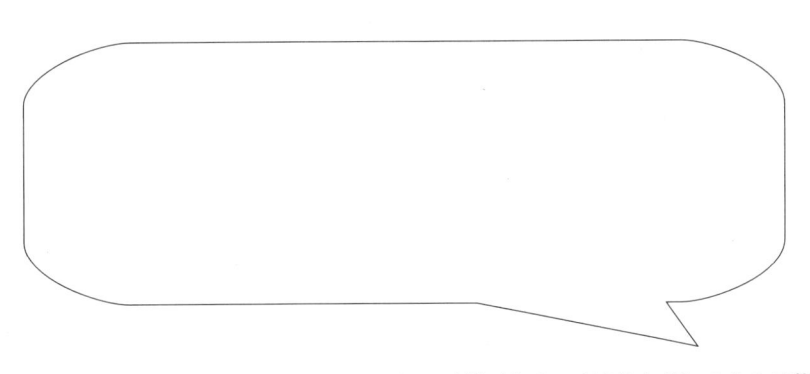

あなたの両親（あるいは家族など）の心の言葉

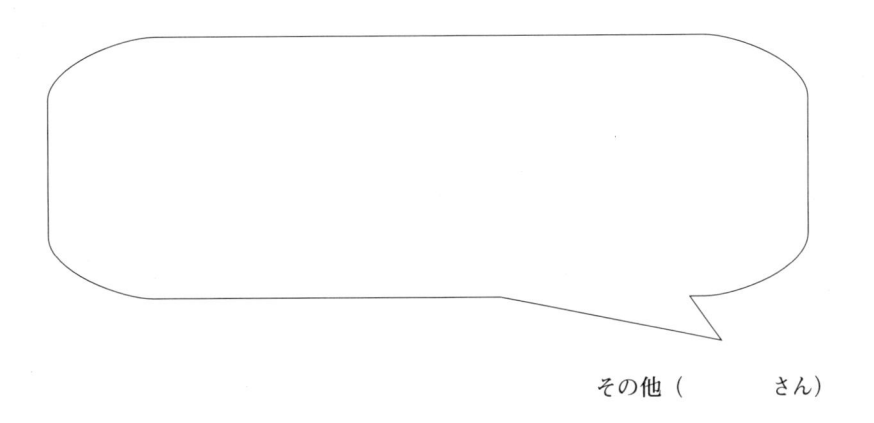

その他（　　　さん）

予備ワークシート

バリアーの克服法

　人は悩んでいるときに，冷静にかつ客観的にその悩みをみてみると，本当にそうなのかしら？と首を捻るような思いこみをしていることがあります。悩みや問題を解決しようとするときに，この思考のバリアーを取り除く必要があります。

1　つぎにいろいろな思いこみの例をあげています。あなたに当てはまると思うものに，√マークをつけてください。その際に<u>深く考えず，今のあなたの気分で反射的に答えてください</u>。

  1　(　)　いくら頑張っても，もっとも必要なものは絶対わたしの手には入らない。
  2　(　)　わたしを助けてくれる人などどこにもいない。
  3　(　)　誰もがいつかはわたしを裏切る。
  4　(　)　他の人はわたしをもっと大事にしてくれるべきだ。
  5　(　)　他の人のほうが，わたしよりずっと大事だ。
  6　(　)　くつろぐのは安全ではない。
  7　(　)　わたしは強くなくてはならない。
  8　(　)　他の人たちに／すべてのことに対してわたしは責任がある。
  9　(　)　何かを成し遂げないかぎりは，評価されない。
 10　(　)　まず人のことを考えなくてはならない。
 11　(　)　この程度の努力では不足だ。
 12　(　)　他の人の問題はみなわたしのせいだ。
 13　(　)　皆に好かれなければならない。
 14　(　)　いつも笑顔でいなければならない。
 15　(　)　明るく楽しい性格でないと注目されない。
 16　(　)　何をしようが，同じ。
 17　(　)　わたしは物事を論理的に考えられない。
 18　(　)　つねに論理的，理性的でなければならない。感情的，本能的なのはだめ。
 19　(　)　それがだめになったら，わたしは永久に幸福になれない。
 20　(　)　親は子どものわたしに口出しをする資格はない。
 21　(　)　わたしは注目の的にならなくてはいけない。
 22　(　)　人生は困難なものだ。
 23　(　)　人生欲張ってはいけない。
 24　(　)　わたしの希望など，どうでもいい。
 25　(　)　わたしは人に愛されない。
 26　(　)　波風をたててはいけない。
 27　(　)　何事もきちんとやらなくてはならない。
 28　(　)　間違いをしでかすのはいけないこと。

29（　）わたしは人と違っている（他の人と同じでなければならない）。
30（　）自分がいかにすばらしいかを実証しなくてはならない。
31（　）うまくいかないのはすべて自分のせい。
32（　）わたしが何もかもやらなければならない。
33（　）わたしはつねに力不足だ。
34（　）いつも明るく，朗らかでなくてはならない。
35（　）あれこれ聞くものではない。
36（　）楽しんではいけない。
37（　）わたしにはいやなことばかり起こる。
38（　）感情は出してはいけない。
39（　）人を喜ばせなければならない。
40（　）わたしは間違いをおかしてはならない。
41（　）女／男は強くなくてはならない。
42（　）女／男は仕事で成功しなくてはならない。
43（　）感情はコントロールできない。
44（　）女／男は愛情深く，パートナーを支える存在であるべきだ。
45（　）女／男は犠牲者だ。
46（　）子どもは親の言うとおりにしなければならない。
47（　）わたしは人前で泣いてはいけない。
48（　）ありのままのわたしであるだけでは足りない。
49（　）人はいつも前向きであるべきだ。
50（　）皆はわたしより劣っている。

あなたは50問中，いくつ✓マークがつきましたか。

　　　　　　□　個

予備ワークシート

2 あなたの思いこみをチェックした結果，あなたのバリアーとなっている度合いが強いものを1〜5個，書き出してください。それを例のように，書き換えてみましょう。もちろん，例文以外であなたらしい表現で思いこみを書き換えるのもよいでしょう。書き換えたとき「そうだよね」とか「あっそうか」というような気持ちになれたら書き換えがうまくいっています（うまく書き換えがいかなくても大丈夫です。まずは，やってみましょう）。

例　<u>わたしは強くなくてはならない</u>
　　　強いにこしたことはないけれど，ずっと強い人，どのような場合でもいつでも強い人っているだろうか。強くなる必要がある場面で，強くなれるようにすればいいだけ，失敗したら人間だものと思おう。でも，なぜいつも強くなる必要があるのだろう。だれが望んでいるのだろう……。だれのために強くなろうとしているんだろう…。

1.
2.
3.
4.
5.

113

3 Step 1「わたしのバリアーの正体」の課題3で発見し具体的に書いたキャリア選択のバリアーにどのような思いこみがあるでしょうか，調べてみましょう（108ページ）。思いこみを発見した個所に線を引いて，下の欄の「キャリア選択にバリアーとなる思いこみ」に書きうつしてください。つぎに「あなたの希望を実現するために必要な考え方や行動」の欄に，キャリア選択に後悔がないように，あなた自身がどうしたいのか，そのために必要な行動や考えを書いてみましょう。

キャリア選択に バリアーとなる思いこみ		あなたの希望を実現するために必要な考えや行動
1.	⇒	1.
2.	⇒	2.
3.	⇒	3.
4.	⇒	4.
5.	⇒	5.

予備ワークシート

職業志向条件と勤務条件から職業を調べよう

1　あなたは職業にどのような条件が必要でしょうか。下記に職業志向条件と勤務条件についての質問が25項目あります。あなたの状況にあわせて①か②の視点で回答してください。

① **あなたが就きたい職業が決まっている場合**
　あなたが就きたいと望んでいる職業には，つぎのような条件がどの程度，備わっていると思いますか。該当する番号を〇で囲んでください。

② **あなたが就きたい職業がまだ決まっていない場合**
　あなたは職業選択する際に，下記の各項目の条件がどの程度備わっている必要がありますか。該当する番号を〇で囲んでください。右の選択肢の（　）のなかの表現で考えて回答してください。

	普通以下（でよい）	普通（にあって欲しい）	普通以上（にあって欲しい）	かなり沢山（あって欲しい）	非常（にあって欲しい）
1．安定した会社や勤め先であること	1	2	3	4	5
2．高い給与やボーナス	1	2	3	4	5
3．創造性・独創性を発揮する機会	1	2	3	4	5
4．仕事の内容が複雑で変化に富むこと	1	2	3	4	5
5．勤め先の福利厚生施設	1	2	3	4	5
6．昇進の可能性	1	2	3	4	5
7．自分に対する周囲の期待	1	2	3	4	5
8．仕事の気楽さ	1	2	3	4	5
9．上司とのよき人間関係	1	2	3	4	5
10．仕事の専門性	1	2	3	4	5
11．休日の数・勤務時間の短さ	1	2	3	4	5
12．仕事の誇り	1	2	3	4	5
13．仕事仲間とのよき人間関係	1	2	3	4	5
14．勤め先の世間での評判	1	2	3	4	5
15．困難な仕事へ挑戦する機会	1	2	3	4	5
16．仕事上での上司の実力	1	2	3	4	5
17．仕事環境の快適さ	1	2	3	4	5
18．仕事上での責任の重さ	1	2	3	4	5
19．仕事の上での自分の将来性	1	2	3	4	5
20．家庭的な職場の雰囲気	1	2	3	4	5

21. 仕事をつうじて社会に役立つこと	1	2	3	4	5
22. 自分の能力が試される機会	1	2	3	4	5
23. 通勤の便利さ	1	2	3	4	5
24. 仕事が自由にまかされる機会	1	2	3	4	5
25. 実力本位・能力本位の処遇や報酬	1	2	3	4	5
縦計の小合計	a	b	c	d	e

(若林他，1983，引用者表作成)

2　縦計の小合計の各欄 a, b, c, d, e に縦の小合計を記入します。つぎに，各小合計を足して総合計を出してください。

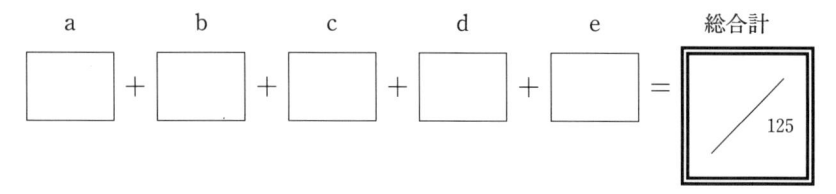

　　　a　　　　b　　　　c　　　　d　　　　e　　　総合計

　　□　＋　□　＋　□　＋　□　＋　□　＝　□ /125

　あなたが就きたい職業の条件の場合は，その総合計が高くなるほど，あなたが選択した職業条件や勤務条件がそろっているといえます。また，あなたが就きたい職業が決まっていない場合は，この総合計が高くなるほど，あなたの職業条件や勤務条件にもとめるものが高くなります。あなたはいかがでしたか。

3　この「職業志向条件と勤務条件から吟味しよう」の結果，あなたの職業選択は，どのような条件が必要なのか自分なりの言葉でまとめてみましょう。

予備ワークシート

職業レディネスチェック

あなたは，職業に就くことに対して，どの程度気持ちの準備ができているでしょうか。つぎの質問に答えて，あなたの職業レディネスをチェックしてみましょう。

		全く当てはまらない…	あまり当てはまらない…	少し当てはまる…	非常に当てはまる…
1	つぎに示された事柄は，あなた自身の考えや状況に，どの程度当てはまりますか。 　該当する記号を○で囲んでください。				
1．	仕事はどちらにしろ苦労が伴うものであるから，できれば職業に就かないで，自分の好きなことだけやっていたい。	a	b	c	d
2．	自分が就きたい職業は，前から決まっており，現在でもそれに向かって，準備を進めている。	a	b	c	d
3．	自分の将来は自分で考え，自分で自分にあった職業を探し，自分の力で挑戦して，それを獲得していきたいと思う。	a	b	c	d
4．	いまは自分の好きなことだけに打ち込み，将来について考えるのは，もう少し後にしたい。	a	b	c	d
5．	いろいろ迷ったが，最近は，自分がどのような職業に就くべきかよくわかってきた。	a	b	c	d
6．	職業を選ぶにあたっては，自分の趣味に合い，やりがいを感じる職業であるかどうかを，見極めることが，大切である。	a	b	c	d
7．	自分に何がむいているかわからないし，これといって得意なものもないので，職業を決める場合は，まわりの人の意見に従う。	a	b	c	d
8．	早く学校を卒業し，仕事をつうじて自分の実力をためしてみたい。	a	b	c	d
9．	自分の就きたい職業は限りなくあるが，自分にはどれひとつとして就けそうには思えない。	a	b	c	d
10．	自分が興味を持っている職業の内容は，十分に知っているので，就職のためにどのような条件が必要であるかは，よくわかっている。	a	b	c	d
11．	各人の職業は，その人が生まれたときに，ほぼ決定されていると思うから，あれこれ考えないで成り行きにまかせる。	a	b	c	d
12．	他人がいろいろなことをいうので，自分が本当に何をやりたいのか，わからなくなってしまっている。	a	b	c	d
13．	職業選択は，くじ引きのようなもので，あの人がその職業に就いているのは，偶然の結果である。	a	b	c	d
14．	自分は，職業の上で将来の目標があるので，それを実現させるために，自分でいろいろ考えてやっていく。	a	b	c	d
15．	適性なんてあってないようなものだから，あまり深く考えたり，準備をしないで，自分の就きたい仕事に挑戦しようと思う。	a	b	c	d
16．	自分が選んだ職業をつうじて，自分にどれだけの力があるのかを確かめてみることに大きな関心をもっている。	a	b	c	d

17. どのような職業でもいいから，まず適当なところに就職し，将来のことはその後で，じっくり考えればいい。	a	b	c	d
18. 自分の職業は自分で選び，その選択に対して，自分で責任を負う必要がある。	a	b	c	d
19. 社会に出てから役立つ知識や資格を得ることに，大きな関心をもっている。	a	b	c	d
20. 自分が将来どうなるのか，まったくわからないのだから，本当のところ自分の適性にあった職業を考えても，意味がないと思う。	a	b	c	d

(若林ほか，1983に基づいて引用者が一部改変作成)

2　つぎに下欄に，各質問ごとに○をつけた回答記号の下欄の数字に○をつけてください。そして縦に各記号ごとに合計点を「縦の合計」の欄に記入します。つぎに各記号の合計（a＋b＋c＋d＝合計点数）を出してください。

集計表

職業選択への関心	a	b	c	d	選択範囲の限定性	a	b	c	d
質問1	4	3	2	1	質問2	1	2	3	4
質問4	4	3	2	1	質問5	1	2	3	4
質問8	1	2	3	4	質問9	4	3	2	1
質問16	1	2	3	4	質問12	4	3	2	1
質問19	1	2	3	4	質問20	4	3	2	1
縦の合計					縦の合計				

　　　　a＋b＋c＋d＝合計点数　　　　　　a＋b＋c＋d＝合計点数
A．職業選択への関心　合計点数　　　B．選択範囲の限定性　合計点数
　　合計点数（　　　）点　　　　　　　　合計点数（　　　）点

選択の現実性	a	b	c	d	選択の主体性	a	b	c	d
質問6	1	2	3	4	質問3	1	2	3	4
質問10	1	2	3	4	質問7	4	3	2	1
質問13	4	3	2	1	質問11	4	3	2	1
質問15	4	3	2	1	質問14	1	2	3	4
質問17	4	3	2	1	質問18	1	2	3	4
縦の合計					縦の合計				

　　　　a＋b＋c＋d＝合計点数　　　　　　a＋b＋c＋d＝合計点数
C．選択の現実性　合計点数　　　　　D．選択の主体性　合計点数
　　合計点数（　　　）点　　　　　　　　合計点数（　　　）点

予備ワークシート

3 （A）職業選択への関心　（B）選択範囲の限定性　（C）選択の現実性　（D）選択の主体性　のそれぞれの合計点数を足してあなたの職業レディネス度をみてみましょう。

　総合計の最高点は80点です。あなたの総合計点を下の基準（総合評価）に照らしあわせてみてください。進路に対するあなたの準備度が評定されます。

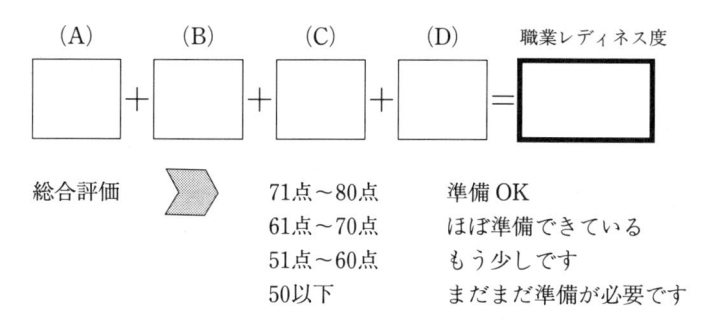

（A）　　　（B）　　　（C）　　　（D）　　職業レディネス度

□　＋　□　＋　□　＋　□　＝　□

総合評価　▷　71点～80点　　準備OK
　　　　　　　61点～70点　　ほぼ準備できている
　　　　　　　51点～60点　　もう少しです
　　　　　　　50以下　　　　まだまだ準備が必要です

職業レディネスチェック項目の四つの領域はつぎの内容を現わしています。

職業選択への関心	職業選択をどの程度，重要なことと考え，どの程度，真剣に取り組むかの度合い。職業選択にどれほど関心をもち，どれほどやる気があるかの度合い。
選択範囲の限定性	ある職業に対して，どの程度，自分の興味や関心がまとまっているかの度合い。自分のやりたい仕事・職業が，どれほど絞り込まれているかの度合い。
選択の現実性	職業選択をどの程度，現実的に考えているかの度合い。自分の考えている職業が，実際に就ける可能性のあるものか否かの度合い。
選択の主体性	選択においてどの程度，自分の興味や適性を優先させるのかの度合い。親や教師などに進められたので，その職業に決定するというのではなく，自分が選んだ職業にどれだけ責任がもてるかの度合い。

4 あなたの職業レディネス度はいかがでしたか。四つの各職業レディネス領域についてのよい点や改善点などについて分析し，自分のレディネスの課題をはっきりさせましょう。

　わたしの職業レディネスの課題：

予備ワークシート

「選択した職業と資格」情報整理シート

あなたは具体的な職業が選択できた，あるいは仕事の方向性が決まったら，資格に関する情報を調べて記入してください。

選択した職業，方向性	必要な資格 （選択した職業，方向性に対していくつでも）	資格に関する必要情報 （資格修得の方法，期日，条件など）
1.		
2.		
3.		
4.		
5.		

121

予備ワークシート

企業情報を収集しよう

あなたが希望する会社についての情報を集めましょう。

1　会社名	あなたが希望する理由
2　業　種	
3　やりたい仕事内容あるいは職種	
4　本社所在地　　住所　　　電話	
5　支店，支社の数や所在地	就職活動するのに問題となる点
6　業　績	
7　採用状況	
8　その他メモ	
1　会社名	あなたが希望する理由
2　業　種	
3　やりたい仕事内容あるいは職種	
4　本社所在地　　住所　　　電話	
5　支店，支社の数や所在地	就職活動するのに問題となる点
6　業　績	
7　採用状況	
8　その他メモ	

予備ワークシート

自分情報シート

1　セルフイメージ　コーディネート

1　セルフイメージ　コーディネート			
1　現在の自己イメージ	3　希望の会社のイメージ	4　就職活動に望まれるイメージ 服装	
		態度・表情	
2　理想の自己イメージ	4　希望職業のイメージ		
		行動	

　企業や職業はそれぞれ，固有のイメージを持っています。その企業が求める人材像が，かつてはあまり明確ではなく，明るくやる気あふれているなど，どの企業も似通っていました。しかし現在は，そのようなことはもちろんのこと，具体的に必要な能力や行動特性が明確になっている企業も増えてきました。ただ，それは学生には提示されないことが多いのです。少しでも多くの情報を入手して，自己イメージをその会社で働いても違和感がなく，その職業のイメージをあなたが持っていることは，採用担当者に視覚的に大きな影響力をもつので，同じリクルートスーツでも，他の学生と違うあなたらしさを表現したいものです。

予備ワークシート

自己PR文を書いてみよう

　自分情報シートで整理したものや，今までの課題で自己分析してきたものを整理するつもりで，自己PR文を書いてみましょう。ただし，自己PRですので，あなたが採用担当者だったら採用したいと思うだろうかという視点で客観的に批判しながら厳しい目ででき具合を評価すると，いいでしょう。できれば，先生や両親などまわりの人に読んでもらってください。800字以内でまとめてください（次ページを含む）。

予備ワークシート

志望動機を書いてみよう

　入りたい会社や組織，就きたい職業が決まった人は志望動機を書きましょう。志望動機というのは，自分はこういう人間であるという情報を示し，志望企業，志望先の企業がどのような組織体（どのような業種，提供商品，企業理念，風土など）であるかの情報に対して，このような自分だから仕事を得たいという気持ち（動機）を書くものです。自分と志望企業，組織がどのようにマッチングしているかを頭に入れて，自分の想いを書いてください。字数は800字以内です（次ページを含む）。

予備ワークシート

就職活動のアクションプラン

例を参考に、あなたの就職活動のアクションプランをつくってみましょう。

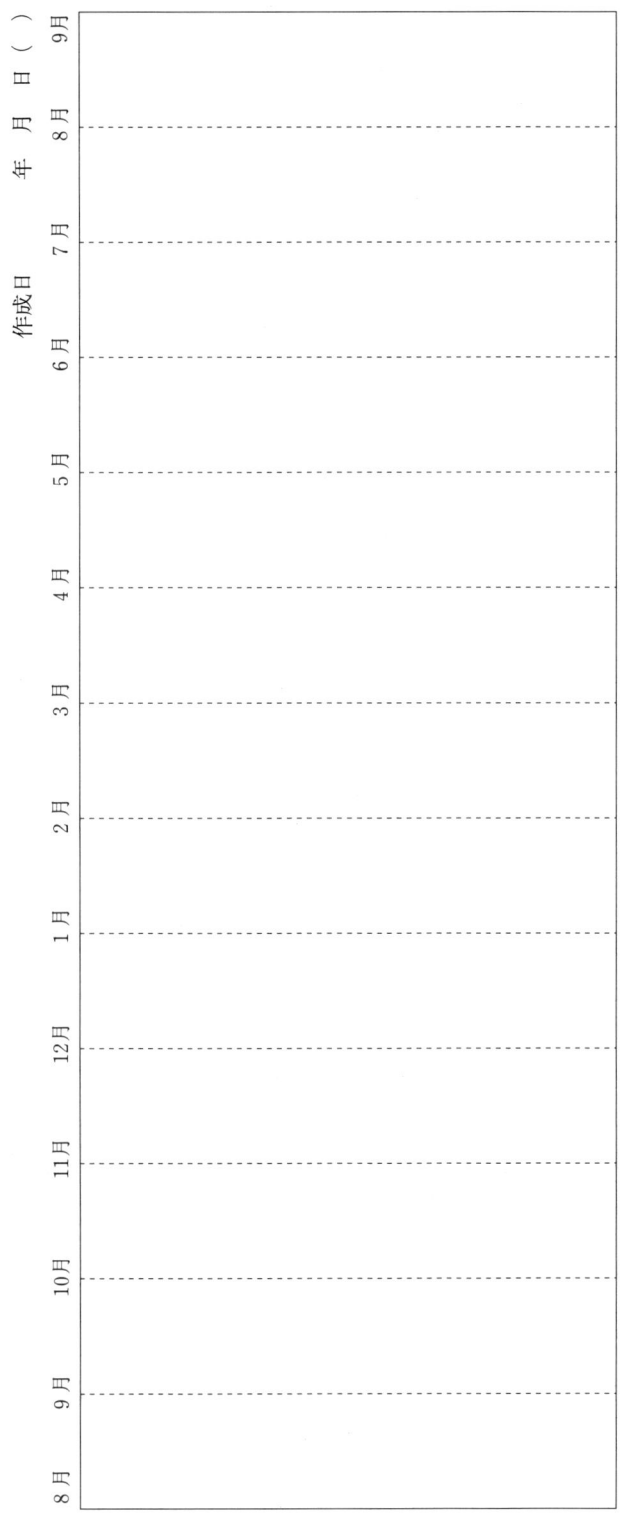

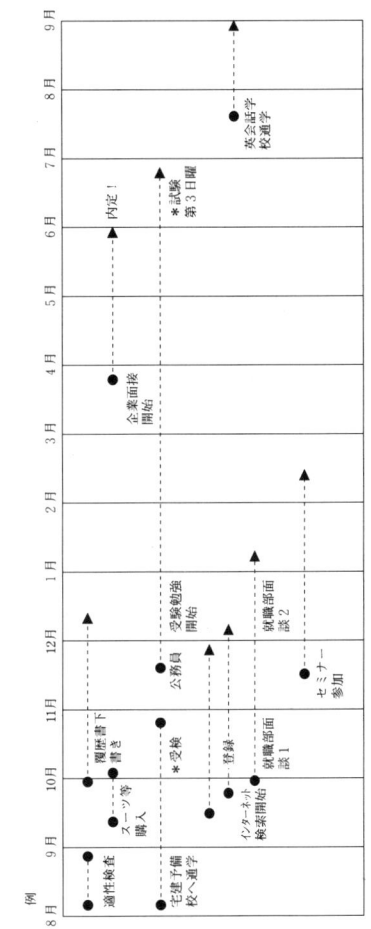

作成日　年　月　日（　）

8月	9月	10月	11月	12月	1月	2月	3月	4月	5月	6月	7月	8月	9月

例:
- 8月: 適性検査、宅建予備校へ通学
- 9月: スーツ等購入、インターネット検索開始
- 10月: *受検、登録、就職部面談1
- 11月: 履歴書下書き、公務員受験勉強開始
- 12月: 就職部面談2
- 1月: セミナー参加
- 4月: 企業面接開始
- 6月: 内定！
- 7月: *試験 第3日曜
- 8月: 英会話学校通学

Key Words For Action
- スーツ購入（ワイシャツ、ネクタイ、靴、ブラウス、ソックス、鞄など）・資格取得
- 適性検査診断受検・インターネット検索
- 就職部に相談・履歴書作成
- エントリーシート入手、記入・面接指導を受ける

POINT

参考文献

森下高治：職業・人事心理学（松本卓三ら編）28-29，ナカニシヤ（1992）

Edgar H. Shein：キャリア・ダイナミクス（二村敏子，三善勝代訳）16，白桃書房（1991）

Holland, J. L. & 雇用職業総合研究所：VPI職業興味検査手引き（改訂版）（雇用問題研究会）日本文化科学社（1987）

佃直毅，渡辺三枝子：自己分析ノート，64，実務教育出版（1999）

杉田峰康：交流分析，13-18，38-39，日本文化科学社（1985）

井上俊哉：心理検査法入門（渡辺洋編）160-161，福村出版（1993）

長島貞夫，藤原喜悦，原野広太郎，斎藤耕二，堀洋道：自我と適応の関係についての研究(2)—Self-Differentialの作製—，59-83，東京教育大学教育学部紀要，**13**（1967）

若林満，後藤宗理，鹿内啓子：職業レディネスと職業選択の構造，63-68，名古屋大学教育学部紀要，**30**（1983）

Rita Spencer, Angela Rossmanit：自己トレーニング（片岡しのぶ訳）177-180，東京図書（1997）

中西信男：キャリア・カウンセリング（日本進路学会編）76，実務教育出版（1996）

著者紹介

川合 雅子
1954年，北海道生まれ
立教大学文学部キリスト教学科卒業。立教大学在学中に日本航空国際線客室乗務員として，仕事をもちながら卒業
筑波大学大学院教育研究科修士課程修了（カウンセリング）
1991年1月株式会社ウェコプを設立，代表取締役に就任。人材マネジメントコンサルタントとして企業の人事システム構築から教育育成に携わる。
フェリス女学院大学非常勤講師。

キャリア発掘
わたしの適性・適職発見

2000年4月15日　第一版第一刷発行　　　◎検印省略
2011年4月10日　第一版第四刷発行

著者　川合　雅子
企画　株式会社ウェコプ

発行所　株式会社　学文社　　郵便番号　153-0064
　　　　　　　　　　　　　　東京都目黒区下目黒3-6-1
発行者　田中千津子　　　　　電話　03(3715)1501(代)
　　　　　　　　　　　　　　振替口座　00130-9-98842

© Masako Kawai 2000
乱丁・落丁の場合は本社でお取替します。　　　印刷所　㈱シナノ
定価は売上カード，カバーに表示。

ISBN 978-4-7620-0933-4